ELIANE RETZ

Kita-Eltern begleiten und beraten

Konkrete Impulse für beziehungsorientierte Elterngespräche

ELIANE RETZ

KITA-ELTERN begleiten und beraten

Konkrete Impulse für beziehungs-orientierte Elterngespräche

HERDER

FREIBURG · BASEL · WIEN

MIX
Papier | Fördert gute Waldnutzung
FSC® C106600

www.herder.de

Umschlagkonzeption- und gestaltung: Gestaltungssaal,
Rohrdorf bei Rosenheim
Satz; Sabine Hanel, Gestaltungssaal
Bilder im Innenteil: © Charunee Yodbun - shutterstock,
Gwens Graphic Studio - shutterstock, klyaksun -
shutterstock, Polina Tomtosova - shutterstock, ricorico - shutterstock

Herstellung: DZS Grafik, Ljubljana
Printed in Slovenia

ISBN Print 978-3-451-39601-4
ISBN E-Book (EPUB) 978-3-451-83222-2
ISBN E-Book (PDF) 978-3-451-83220-8

Inhalt

Einleitung

Beziehungsorientierung ist das aktuelle Thema in der Frühpädagogik. Tragfähige und verlässliche Beziehungserfahrungen sind für kleine Kinder hochbedeutsam: Sie haben eine langfristige sowie im besten Fall schützende Wirkung für die weitere sozio-emotionale und kognitive Entwicklung. Ein bindungsbezogenes Bild vom Kind integriert, dass ein Kind Bindung zum Überleben braucht und ebenso nach Autonomie strebt. Was auf den ersten Blick wie ein Widerspruch aussehen mag – Autonomie und Bindung –, ermöglicht eine ganzheitliche Betrachtungsweise von Kindheit, in der das Verhalten von Kleinkindern als Wechselspiel von Bindungs- und Autonomieverhalten anerkannt wird.

Beziehungsorientiert begleiten & beraten

Da sich heute viele Kinder bereits ab dem Säuglings- und frühen Kleinkindalter in pädagogischen Einrichtungen aufhalten und dort oftmals viele Stunden pro Tag verbringen, gilt es mehr denn je, beziehungsorientierte Kindertagesstätten zu etablieren sowie Eltern auf ihrem Weg einer bindungssicheren Elternschaft zu begleiten und zu beraten.

Wie Sie als pädagogische Fachkraft Ihre Beobachtungskompetenz stärken und Ihre Expertise in Elterngespräche beziehungsbezogen einbringen können, ist das zentrale Thema dieses Buches.

Mit Familien zu arbeiten, bedeutet Abschied zu nehmen von traditionellen Rollen sowie perfekten Idealen, die rein gar nichts mit der Realität des Eltern- und Familienlebens zu tun haben. Eltern sollen der sichere Hafen für ihre Kinder sein. Also brauchen sie selbst einen sicheren Hafen, wo sie von Zeit zu Zeit einkehren dürfen, ihr Gepäck abladen und von den Beschwerlichkeiten ihrer Elternreise berichten dürfen.

Wertschätzend und ressourcenorientiert arbeiten

Das Buch rückt zunächst Ihre Arbeit als Fachkraft in der Kita in den Mittelpunkt. Merkmale, Ziele und Herausforderungen der Erziehungspartnerschaft werden diskutiert und die Bedeutung der Elterngespräche und Ihrer Rolle als Fachkraft aufgezeigt. Die Tatsache, dass Sie nicht mit dem Familiensystem in verwandtschaftlicher Verbindung stehen, macht es Ihnen möglich, neutral, wertschätzend und ressourcenorientiert von außen auf die sich entwickelnde Familiendynamik zu blicken. Auf diese Weise kann es hervorragend gelingen, den Eltern wertvolle Impulse für die weitere familiäre Entwicklung mitzugeben, die sich nachhaltig und langfristig auf das Elternverhalten und somit in der Beziehungsgestaltung mit den Kindern auswirken. Natürlich nimmt dies wiederum Einfluss auf das Kind und seine Entwicklung. Bestenfalls entsteht ein gelingender Kreislauf, in dem die Erwachsenen gemeinsam Verantwortung für das Kindeswohl übernehmen und dadurch gute Entwicklungsbedingungen möglich machen.

Freude und Leichtigkeit im Kontakt mit Eltern erleben

Entscheidend für das Gelingen der Beziehung zwischen Eltern und Fachkräften sind auch klare Ziele sowie ein Bewusstsein für mögliche Grenzen. Letztere ergeben sich *immer*, wenn Menschen aufeinandertreffen. Je klarer Sie für sich als Fachkraft definiert haben, was Sie im Austausch mit den Eltern bewirken möchten, wofür sie zuständig sind und wo Sie gerne auch Verantwortung an andere abgeben dürfen – an die Eltern oder andere Berufsprofessionen –, desto mehr Freude und Leichtigkeit werden Sie im Kontakt mit den Familien erleben dürfen. Zu einem professionellen Berufsverständnis bedarf es außerdem einer weiteren Zutat, die mit der Haltung der Offenheit sowie Neugier beschrieben wird (› Kapitel 1.2).

Fachkräfte kommen mit sehr unterschiedlichen familialen Lebensformen sowie Elternpersönlichkeiten in Kontakt, was herausfordernd erlebt werden darf. Im Idealfall wächst jedoch das persönliche Wissen der Fachkraft im Lauf ihrer Berufsjahre stetig an. Sie gewinnt an Ruhe und Sicherheit, basierend auf der Erkenntnis, dass menschliches Zusammenleben am besten gelingt, wenn Vielfalt als Wert verstanden wird.

Im Gespräch bleiben – lösungsorientiert und mutig

Einen ganz wesentlichen Teil dieses Buches nehmen Fallbeispiele aus dem Kita-Alltag ein, die Ihnen Impulse geben für den Verlauf von Elterngesprächen im Rahmen einer beziehungsorientierten Erziehungspartnerschaft (› Kapitel 2). Eingewöhnung (› 2.1), Herausforderungen (› 2.2) und Übergänge (› 2.3) sind die großen Themen, nach denen die Beispiele geordnet sind, allesamt Ihnen wohlvertraute Themen in der täglichen Arbeit mit den Familien. Es geht auch um Missverständnisse, die sich in der Kommunikation mit Eltern ergeben können. Um persönliche Themen, die Eltern und Kinder einbringen und wo vielleicht das eigentliche Anliegen dahinter nicht immer sofort verstehbar ist. Die Fallbeispiele geben ganz konkrete Impulse, wie Sie als Fachkraft einfühlsam, engagiert, lösungsorientiert und mutig mit den Eltern ins Gespräch kommen können – und im Gespräch bleiben. Das kann durchaus herausfordernd sein. Die Fallbeispiele zeigen vor allem auch die Chancen, die sich aus gelingenden Elterngesprächen für das Wohl des Kindes ergeben können.

Dieses Buch ist ein Plädoyer für eine beziehungsorientierte Begleitung von Kindern und Familien, für eine Kindheit ohne Strafen. Frei von Machtmissbrauch, ängstigendem Verhalten und lieblosen Zurückweisungen. Frei davon, zu hohe Erwartungen an Kinder zu stellen, die sie sozio-emotional und kognitiv überfordern. Es ist eine Empfehlung, gütig mit den Kleinsten in unserer Gesellschaft zu sein, die so viel Lebenszeit vor sich haben und somit Raum und Zeit für sich beanspruchen dürfen, unsere komplexe Welt verstehen zu lernen. Es will zeigen, wie Sie als Fachkraft Kinder und Eltern auf diesem Weg begleiten können.

Die Entscheidung, nur gelingende Fallverläufe zu dokumentieren, ist bewusst erfolgt. Das Lernen an positiven Fällen wird mit positiven Emotionen verknüpft, was die kognitive Auseinandersetzung hierbei erleichtern kann. Dies wiederum bedeutet keinesfalls, dass Fachkräfte, die sich den Inhalten dieses Buchs widmen, im Anschluss daran nur Erfolge für sich verzeichnen werden. Ebenso wenig dürfen die Fallbeispiele als konkrete Handlungsanweisungen verstanden werden. Sie sind vielmehr als Handlungsimpulse zu verstehen, die Ihnen zeigen, wie Sie als pädagogische Fachkraft Eltern unterstütztennen können, kindliches Verhalten zu verstehen sowie den Wunsch nach Bindung und Autonomie feinfühlig und altersentsprechend zu begleiten.

Wissen vertiefen

Das letzte Kapitel des Buchs (› Kapitel 3) befasst sich mit theoretischem Basiswissen. Zentrale Erkenntnisse der Entwicklungspsychologie in den Bereichen Kognition, Bindungsentwicklung sowie der sozio-emotionalen Entwicklung werden besprochen. Das Verhalten der Fachkräfte in den Praxisbeispielen erhält dadurch eine wissenschaftliche Fundierung. Jenes ist am Wohl des Kindes orientiert: Der kindliche Entwicklungsstand wird stets gesehen und berücksichtigt. Die beständige Orientierung daran, was überhaupt von Kindern in einem bestimmten Entwicklungsalter erwartet werden kann und was eben auch nicht, sollte der primäre Antrieb von Bindungs- und Bezugspersonen sein. Dies gilt für die Arbeit in der Kindertagesstätte und ebenso für die familiäre Betreuung in einem Familiensystem. Sehr entscheidend für einen verständnisvollen, angemessen Umgang mit Kindern sind Kenntnisse im Bereich der sozialen Entwicklung. Zentrale Erkenntnisse können Sie in diesem Kapitel nachlesen, ein Register am Ende des Buchs erleichtert den schnellen, zielgerichteten Zugriff.

Chancen wahrnehmen!

Alle Eltern kommen früher oder später mit Fachkräften in Kontakt. Dies ist eine große Chance: Die Erziehungspartnerschaft kann neue Perspektiven auf das Kind und die eigene Familie möglich werden lassen. Als Fachkraft können Sie Eltern unterstützen, für sich zu verstehen, dass es durchaus verschiedene Wege und Möglichkeiten gibt, eine sichere Bindung wachsen und gedeihen zu lassen. Im Idealfall gelingt es Eltern und Fachkräften gemeinsam, bindungssichere Kindheiten zu gestalten, und Sie als Fachkraft werden für Eltern und Kinder zu einem sicheren Hafen, den Eltern dann wiederum (wieder) für ihr Kind sein können.

Eliane Retz

1

Die beziehungsorientierte Erziehungspartnerschaft

Erziehungspartnerschaft ist ein dynamischer, wechselseitiger Prozess: Eltern und Fachkräfte übernehmen gemeinsam Verantwortung für eine gelingende außerfamiliäre Betreuung sowie gute kindliche Entwicklungsbedingungen. Die Akteur:innen – Eltern und Fachkräfte – sind aufeinander bezogen und befinden sich in einem kommunikativen Austausch über das Kind, über Elternthemen sowie Anliegen der Fachkraft. In einer gelingenden Erziehungspartnerschaft ist die Kommunikation von Wertschätzung und Interesse geprägt. Auch zeitliche Ressourcen sind bedeutsam: *Beide* Seiten nehmen sich ausreichend Zeit für Gespräche und Austausch. Im Mittelpunkt der folgenden Ausführungen steht die gelingende Kommunikation zwischen Eltern und Fachkräften, denn dies ist das zentrale Kennzeichen einer tragfähigen Erziehungspartnerschaft. Sie als Fachkraft werden im Laufe ihres Berufslebens mit sehr unterschiedlichen Elternpersönlichkeiten in Kontakt kommen. Da es für eine gelingende Kommunikation wichtig ist, die ganz unterschiedlichen Bedürfnisse von Eltern wahrzunehmen und zu verstehen, ist diesem Thema der letzte Abschnitt des Kapitels gewidmet (› 1.3).

1.1 Erziehungspartnerschaft

Pädagogische Fachkräfte möchten in aller Regel sehr gute Entwicklungsbedingungen für die ihnen anvertrauten Kind bereitstellen. Das Wohl des Kindes steht im Mittelpunkt der pädagogischen Arbeit, die sich an den Grundrechten und Grundbedürfnissen orientiert. Dies erfordert immer einen respektvollen Umgang mit Kindern und deren Eltern sowie ein individuelles Eingehen auf kindliche Bedürfnisse und Entwicklungsaufgaben.

Pädagogischen Fachkräften ist bewusst, dass sie jedes Kind früher oder später wieder verabschieden werden. Die Begleitung ist somit von Anfang an zeitlich begrenzt, was diese jedoch keinesfalls in ihrer Bedeutung schmälert. Vielmehr gilt es, den begrenzten Zeitraum ausreichend zu nutzen, sodass sich eine tragfähige Erziehungspartnerschaft etabliert.

Erziehungspartnerschaft
Die Kennenlernphase und die Eingewöhnung markieren den Einstieg in die sogenannte Erziehungspartnerschaft. Eltern und pädagogische Fachkräfte übernehmen im Fall einer gelingenden Erziehungspartnerschaft gemeinsam Verantwortung für die kindliche Entwicklung. Es entwickelt sich eine vertrauensvolle Kommunikation, die von Respekt, Wertschätzung und Lösungsorientierung geprägt ist (Roth 2022).

Pädagogische Fachkräfte betreuen in Krippen, Kindertagesstätten sowie in der Großtagespflege die Kinder – nicht deren Eltern. Da Letztere jedoch in aller Regel die wichtigsten Bindungspersonen im Leben der Kinder sind, umfasst eine professionelle außerfamiliäre Betreuung *immer* den aktiven Miteinbezug der Eltern. Kinder sind ab dem Tag ihrer Geburt Individuen, können aber gleichzeitig nicht losgelöst von ihren Eltern betrachtet werden. Ihre Entwicklung korrespondiert *immer* mit den Entwicklungschancen, die ihnen von Elternseite geboten werden. Ihre Entwicklung ist unweigerlich in die Qualität der Eltern-Kind-Dynamik eingebettet, die bestenfalls von ausreichend Bindungssicherheit geprägt ist. Somit ist es für pädagogische Fachkräfte von großer Bedeutung,

- etwas über die familiären Lebensumstände zu erfahren,
- von den Eltern zu hören, wie diese ihr Kind zu Hause erleben,
- in Erfahrung zu bringen, bei welchen Themen sich die Eltern möglicherweise professionelle Unterstützung wünschen.

Im Idealfall benennen Eltern von sich aus Herausforderungen, die sie aktuell als Elternteil ihres Kindes erleben, gewähren Einblicke in ihr Familiensystem und sind motiviert, den bisherigen Entwicklungsverlauf ihres Kindes zu reflektieren. Dieser Einblick ins Private wird möglich, wenn Eltern sich im Kontakt mit Fachkräften sicher und angenommen fühlen. Diese annehmende Haltung von Fachkraftseite erhöht die Bereitschaft der Eltern, sich zu öffnen, und ist die Grundvoraussetzung dafür, dass sich eine Erziehungspartnerschaft überhaupt entwickeln darf.

Natürlich sind Eltern kritisch in der Auswahl von potenziellen Betreuungspersonen. Dies ist in ihrem Fürsorgesystem angelegt. Je jünger und unreifer die Kinder sind, desto sichtbarer wird dieses Elternverhalten auch nach außen. Insbesondere die Kennenlernphase zwischen Eltern und pädagogischen Fachkräften ist eine sensible Phase, die durchaus auch störanfällig sein kann. Dies wird ausführlich im ersten Abschnitt des Praxisteils „Die beziehungsorientierte Eingewöhnung" anhand von vier Fallbeispielen thematisiert (› Kapitel 2.1). Aber auch zu späteren Zeitpunkten, wenn sich bereits eine Erziehungspartnerschaft etabliert hat, kann es immer wieder zu Meinungsverschiedenheiten und Differenzen zwischen Eltern und Fachkräften kommen. Eine tragfähige Erziehungspartnerschaft zerbricht daran nicht. Vielmehr gelingt es, Missverständnisse zu korrigieren und sich bei unterschiedlichen Standpunkten auch wieder anzunähern. Das primäre Ziel der Zusammenarbeit geht nicht verloren: Das Kind soll sich in der pädagogischen Einrichtung wohlfühlen (› Kapitel 2.2 und 2.3).

1.2 Elterngespräche in Kita, Krippe und Kindertagespflege

Kommunikation mit den Eltern findet in Kita, Krippe und Kindertagespflege täglich statt. Es gibt die sogenannten Tür-und-Angel-Gespräche. Es gibt geplante Entwicklungsgespräche. Auch die spontane Bitte der Eltern, sich über ein bestimmtes Thema auszutauschen, wird häufig an Fachkräfte herangetragen. Das Gelingen dieser Gespräche wird durchaus auch davon beeinflusst, inwieweit Eltern sich Zeit dafür nehmen und die Bereitschaft mitbringen, sich auf die Perspektive der Fachkraft einzulassen. Entscheidend ist jedoch, wie es Ihnen als Fachkraft gelingt, das Interesse und Vertrauen der Eltern zu gewinnen. Dies wird ganz wesentlich dazu beitragen, dass die Eltern gerne von sich und ihrem Kind berichten. Ebenso entscheidend für den Kommunikationsverlauf sind *Kompetenzen,* den Austausch zu strukturieren und mit lebendigen Inhalten zu füllen. Nach einem guten Gespräch haben Eltern in aller Regel neue Einsichten gewonnen, fühlen sich gestärkt sowie informiert. Sie können möglicherweise (wieder) einfühlsamer mit ihrem Kind umgehen und sind auch weniger in Sorge, dass ihnen die Erziehung ihres Kindes missglücken könnte. Dies wiederum geht automatisch mit positiven Effekten für die Kinder einher und unterstreicht, wie bedeutsam pädagogische Fachkräfte an dieser Stelle sind.

Eltern wünschen sich ein Gespräch mit pädagogischen Fachkräften, um etwas über ihr Kind zu erfahren, um sich selbst und ihr Kind besser zu verstehen oder kindliche Entwicklung von einem anderen Standpunkt aus zu betrachten. Dies sind kommunikationsbereite Eltern, die mit ihren interessierten, manchmal auch sorgenvollen Fragen ein intensives Gespräch entstehen lassen. Andere Eltern wiederum müssen zu einem Gespräch gebeten, vielleicht sogar explizit aufgefordert werden. Die scheinbare Lustlosigkeit und ihr vermeintliches Desinteresse, um möglicherweise den Schein einer gut funktionierenden Familie nach außen hin zu wahren, kann das Entstehen eines guten Gesprächs deutlich erschweren.

Neugier als Haltung

Sie als pädagogische Fachkraft lernen im Laufe Ihres Berufslebens äußerst verschiedene Elternpersönlichkeiten kennen. Sie kommen mit Familiensystemen in Berührung, die im Vergleich miteinander nicht unterschiedlicher sein könnten und dennoch ein gutes, behütetes Aufwachsen für Kinder ermöglichen. Sich Familien grundsätzlich neutral, wertschätzend sowie kultursensibel anzunähern, erfordert geistige Flexibilität und gereifte Empathieentwicklung. Neugier als Haltung ist hierbei äußerst hilfreich. Natürlich kann ein Beziehungs- und Erziehungsverhalten befremdlich erscheinen. Wenn Sie hellhörig werden und sich Sorgen über das Kindeswohl machen, so muss dies immer ernst genommen werden. Ein wirkliches Verstehen oder zumindest der Wille, es verstehen zu wollen, ist jedoch die Basis einer tragfähigen Erziehungspartnerschaft. Diese urteilsfreie Haltung kann Sie als Fachkraft durch so manch schwieriges Elterngespräch „tragen“: Sind wir neugierig, so fällt es uns leichter, mit Spannung, Konzentration und innerer Anteilnahme den Ausführungen des Gegenübers zu lauschen.

Ziele von Elterngesprächen

Eltern können sehr unterschiedliche Fragen einbringen. Dies führt zu einer breiten Varianz von Themen in Elterngesprächen. Natürlich ist hier fachliches Wissen notwendig, um Eltern mittels aktueller Erkenntnisse aus den Erziehungswissenschaften sowie der Psychologie gut begleiten zu können (› Kapitel 3). Doch ein rein belehrendes Gespräch ist in der Regel nicht ausreichend. Vielmehr gilt es *zu verstehen*, was die Eltern bewegt und was diese selbst noch nicht ausreichend für *sich verstanden* haben. Die Kennzeichen von guter Kommunikation in diesem Setting sind:

- Würdigung der erbrachten Fürsorgearbeit auf Elternseite.
- Anerkennung des elterlichen Bemühens, ihr Kind empathisch zu verstehen, auch dann, wenn dies bislang selten gelingt.
- Eine verständnisvolle, angenehme sowie annehmende Gesprächsatmosphäre, um die Selbstöffnungsbereitschaft der Eltern zu erhöhen.
- Festigung der Erziehungspartnerschaft basierend auf Vertrauen und Respekt.

- Eine gute Auftragsklärung: Was soll heute hier besprochen werden und was darf getrost auf später verschoben werden?

Spezifische Herausforderungen

Vielleicht ist es Ihnen bislang noch gar nicht in diesem Ausmaß bewusst gewesen: Beinahe alle Eltern nehmen pädagogische Fachkräfte als Autoritären wahr, denen man sich im besten Fall – aufgrund ihrer Professionalität – gerne anvertraut. Die Sichtweise, dass die Systeme – pädagogische Einrichtung sowie Elternhaus – sich durchaus misstrauisch entgegentreten können, ist realistisch. Kinder verhalten sich bei ihren Eltern in aller Regel unverstellt und authentisch. Sie zeigen dort möglicherweise Affekte, die sie in der pädagogischen Einrichtung unterdrücken, um das Gruppengeschehen nicht zu stören oder ungewollt die Aufmerksamkeit auf sich zu ziehen. Eltern wiederum schweigen möglicherweise aus Angst, Scham und aufgrund der Sorge, in ihrer Rolle als „gute“ Mutter, als „guter“ Vater zu versagen. Auf diese Weise stabilisieren sich dysfunktionale Familiensysteme, da Hilfsangebote, wie z.B. ein Elterngespräch, nicht stattfinden. Somit gibt es auf beiden Seiten Asymmetrien im jeweiligen Wissensstand: Eltern, die immer wertvolle Einsichten über ihre Kinder zur Verfügung haben, da sie mit diesen zusammenleben. Fachkräfte, die das Kind in seinem gruppenbezogenen Verhalten erleben sowie in der Beziehung zu ihnen selbst. Wenn Eltern und Fachkräfte hier etwas beobachten, das sie dauerhaft beschäftigt oder sorgt, dies jedoch nicht angemessen miteinander besprechen, erschwert dieses Schweigen das Gelingen der Erziehungspartnerschaft erheblich.

Eltern möchten in aller Regel einen guten Elternjob machen. Es stimmt sie traurig und nachdenklich, wenn sie Schwierigkeiten mit ihren Kindern feststellen, die als „unauflösbar“ erlebt werden. Eltern möchten einen guten Elternjob machen – auch dann, wenn sie kindliche Bedürfnisse beständig missinterpretieren und die Kommunikation mit ihrem Kind verbesserungswürdig ist. Damit eine familiäre Weiterentwicklung überhaupt möglich wird, sollten Fachkräfte insbesondere die kleinen Schritte und Erfolge im Rahmen von Elterngesprächen würdigen. Um im Takt mit der Familie zu bleiben, ist es entscheidend, das Erwartungstempo zu drosseln. Jeder Elternteil hat mindestens eine Fähigkeit, eine Ressource, die ihn einzigartig und wertvoll macht. Dies zu benennen und sichtbar zu machen, geht immer mit einer elterlichen Stärkung einher.

Auch in einer sicheren Eltern-Kind-Bindungsbeziehung kann es stürmische, schwierige Phasen geben. Die Vorstellung, dass eine sichere Bindung eine harmonische Beziehung zum Kind begründet, ist meist eine Wunschvorstellung, die jedoch wenig mit der Realität zu tun hat.

1.3 Elternpersönlichkeiten

Ein kleines Kind braucht seine Eltern mehr oder weniger beständig. Damit sind nicht nur pflegerische Tätigkeiten gemeint, die Eltern im Idealfall feinfühlig und somit bindungsstärkend übernehmen. Damit ist insbesondere die Erfüllung von emotionalen Bedürfnissen des Kindes nach Sicherheit, Liebe, Trost, Anerkennung und spielerischer Anregung gemeint. Zugleich liegt es aber auch in der Natur von Elternfürsorge, angemessen Grenzen zu kommunizieren, um das Kind vor Gefahren zu bewahren und es ebenso auf persönliche Grenzen – eigene oder von anderen – aufmerksam zu machen. Elternschaft bedeutet stets, dass eine kritische Auseinandersetzung mit *der bisherigen* Persönlichkeitsentwicklung notwendig ist. Dies macht eine Reflexion von Kindheitsprägungen und inneren Glaubenssätzen erforderlich. Natürlich müssen Eltern verantwortungsvoll das Kind und seine Entwicklung in den Mittelpunkt rücken, dabei jedoch auch eigene Ressourcen im Blick behalten – wohl wissend, dass das eigene

Wohlbefinden entscheidend für ein positives Familienklima ist. Eltern leisten somit auf verschiedenen Ebenen eine intensive emotionale Arbeit: das emotional unreife Kind betreffend, indem dieses begleitet und reguliert wird, und sich selbst betreffend, indem eigene Gefühlszustände eben nicht nur weggeschoben, sondern ebenfalls reguliert werden. Auf diese Weise bietet Elternschaft die hervorragende Möglichkeit, innerlich zu reifen.

Gleichzeitig erleben alle Eltern bei der Begleitung ihrer Kinder persönliche Limitierungen und stoßen dabei manchmal sehr unerwartet auf eigene Grenzen. Dies kann eine schmerzliche Erkenntnis sein, da es das innere Konzept der „guten Mutter", des „guten Vaters" infrage stellt. Gereifte Eltern – diese Bezeichnung ist nicht als wertende Einordnung zu verstehen, sondern das Ergebnis einer wertschätzenden Beobachtung –, zerbrechen nicht an dieser Realität, sondern arbeiten lösungsorientiert an ihrer persönlichen Weiterentwicklung. Es gelingt ihnen, gelegentliches Versagen in der Elternrolle angemessen zu reflektieren. „Nicht immer gut genug zu sein" stimmt jene Eltern nachdenklich, lässt sie jedoch nicht verzweifeln. Damit verzichten sie auf eine dramatische Inszenierung ihrer selbst und lassen eigene Befindlichkeiten nicht zum Motor ihres Antriebs werden. Es gelingt ihnen, einen Alltag zu etablieren, der pragmatisch-liebevoll den vielfältigen Anforderungen gerecht wird.

Eltern, die auf eigene sichere Bindungserfahrungen zurückgreifen können, sind meist kompetent im Umgang mit kindlichen Emotionen und sozialen Situationen, die sich mit Kindern ergeben. So gelingt es ihnen in aller Regel verlässlich, ihr Kind emotional zu verstehen, den kindlichen Gesichtsausdruck sowie mögliche Intentionen ihres Nachwuchses richtig zu interpretieren (Strüber 2019).

„Bindungsüberengagierte“ Eltern

Für manche Eltern ist ihre innere Reifung mit besonderen Hürden sowie Herausforderungen verbunden. Viele der heutigen Eltern setzen sich intensiv mit ihrer eigenen Bindungs- und Entwicklungsgeschichte auseinander. Sie sind bestens informiert, verwenden souverän und selbstbewusst Fachbegriffe aus Psychologie und Bindungsforschung. Diese Eltern wissen um die Bedeutung von sicheren Bindungserfahrungen. Ihr Bestreben, eine bindungssichere Kindheit zu gestalten, ist dabei jedoch überschießend, sodass diese Gruppe als „bindungsüberengagiert“ beschrieben werden kann. Die ständige Sorge vor einer Traumatisierung des Kindes, ausgelöst durch unfeinfühlige Behandlung, verunsichert, belastet und ängstigt jene Eltern enorm.

Dies kann dazu führen, dass alltägliche Situationen wie beispielsweise eine Aufbruchssituation vor dem Kindergarten oder das Verlassen des Spielplatzes jedes Mal erneut zu einem hochemotionalen Szenario werden. Die Eltern trauen sich nicht mehr, eigene Bedürfnisse angemessen zu benennen und ihrem Kind angemessen Frustrationen zuzumuten. Dabei bieten solche Erfahrungen, solange diese eingebettet in einem liebevollen Familienklima stattfinden und die Eltern das Kind mit seinen entstehenden Gefühlen nicht allein lassen, wichtige Lernerfahrungen. Kinder haben viele Wünsche, aber nicht alle davon sind Bedürfnisse, die eine sofortige Erfüllung erforderlich machen. Im Zusammensein mit den Eltern erleben zu dürfen, dass ein Wunsch mit einem „Nein“, und zwar alternativlos, beantwortet wird, ist natürlich frustrierend. Gereifte Eltern halten diese Konflikte aus, bleiben dabei zugewandt, gütig und stets versöhnlich.

Bindungsüberengagierte Eltern dagegen fürchten oftmals jene Konflikte. Sie sehnen sich nach einer harmonischen, innigen Beziehung zu ihrem Kind und können starke Verunsicherung erleben, wenn genau dies nicht eintrifft. Das kann dazu führen, dass jene Eltern ihr Kind beständig umkreisen, sie werden oftmals als „nicht loslassende Elternteile“ beschrieben.

Pädagogische Fachkräfte erleben jene Eltern häufig als ängstlich im Umgang mit ihrem Nachwuchs sowie rasch irritierbar. So reicht möglicherweise ein kritischer Blick oder der Hinweis, sich doch bitte verbindlich an die Bring- und Abholzeiten zu halten, um solche Eltern zu kränken oder stark zu verunsichern.

Eltern mit wenig Interesse an einer Erziehungspartnerschaft

Dann gibt es noch eine weitere Elterngruppe, die sich kaum mit kindlichen Bindungsbedürfnissen auseinandersetzt. Jene Eltern brauchen einen starken, intensiven Reiz, um Fürsorgeverhalten überhaupt zeigen zu können. Zwar trösten auch diese Eltern ihr Kind, aber erst dann, wenn es intensiv schreit, beispielswiese aufgrund einer Verletzung. Emotionale Verunsicherungen des Kindes werden oftmals überhaupt nicht bemerkt, oder das Kind wird dazu angehalten, Gefühle zu unterdrücken. Dies wird mit positiver Entwicklung assoziiert. Zwar kümmern sich auch diese Eltern um ihr Kind, wenn es erkrankt ist, jedoch erst dann, wenn es hoch fiebert. Leichtere Infekte aktivieren das elterliche Fürsorgesystem kaum. Dies erklärt, warum erkrankte Kinder in die Betreuung gebracht werden. In den Augen ihrer Eltern ist das Kind nicht „richtig" krank, sodass ein reibungsloses Funktionieren im Alltag erwartet wird.

Jene Eltern betrachten Eingewöhnungskonzepte als überflüssiges, störendes Element, da dies ein rasches Abgeben des Kindes erschwert. Sie haben kaum bis wenig Interesse, eine Erziehungspartnerschaft mit den pädagogischen Fachkräften aufzubauen. Sie wünschen sich in erster Linie eine konstante Kinderbetreuung, um ungestört ihrer Erwerbstätigkeit nachgehen zu können.

Sie als pädagogische Fachkraft können in Ihrem Arbeitsalltag somit sehr unterschiedliche Interaktionsstile sowie Elternpersönlichkeiten beobachten. Es gibt Eltern, die kindliche Autonomie als Wert stark erhöhen, sodass dies zu Lasten der Eltern-Kind-Beziehung geht. Ebenso gibt es Eltern, die das kindliche Streben nach Autonomie nicht gut zulassen können und ihr Kind beständig „überregulieren". Es gibt Eltern, denen es schwerfällt, sich verlässlich in der Elternrolle zu zeigen. Es gibt Eltern, die eigentlich alles richtig machen wollen, aber aufgrund einer starken Erschöpfung beständig an ihre eigenen Grenzen stoßen.

Die Beobachtung von wenig einfühlsamem oder überfordertem Elternverhalten kann bei Ihnen die Motivation, sich insbesondere für davon betroffene Kinder zu engagieren, möglicherweise erhöhen. Dass der pädagogische Alltag mit Kindern erschöpfend sein kann, die zu Hause andauernd missverstanden und in ihren basalen Grundbedürfnissen frustriert werden, darf an dieser Stelle ebenso benannt werden.

Ein dauerhafter Mangel an Elternempathie führt zu langfristigen Störungen in der Eltern-Kind-Interaktion, geht immer zu Lasten der Eltern-Kind-Beziehung und ist der zentrale Auslöser für dysfunktionales Störverhalten im Kindesalter. Dabei geht es niemals um Schuld und Anklage. Wenn Eltern selbst eine stressvolle, oxytocinarme Kindheit erlebten, so können sie selbstverständlich weniger auf ein gut gereiftes inneres Stresssystem zurückgreifen. Dass sie in innere Not geraten, sollen sie nun selbst die Affekte ihres eigenen Kindes regulieren, ist nachvollziehbar. Das eigene Kind wird als böse, trotzig oder nicht aushaltbar erlebt – dabei sind es die eigenen Stresszustände, die es verunmöglichen, dem Kind als sichere Basis zur Verfügung zu stehen. Wenn Eltern mit den eigenen Unzulänglichkeiten zu heftig konfrontiert werden, so verschließen sie sich möglicherweise vollständig oder geraten in eine mehr oder weniger heftige Krise. Sie lehnen vielleicht weitere Gespräche ab oder nehmen daran oberflächlich teil, um sich selbst zu schützen. Somit kommt es zwischen Fachkraft und Eltern – wie auch im familiären System zwischen Eltern und ihren Kindern – zu einem wiederkehrenden Kreislauf von misslingender Kommunikation und misslingender echter Anteilnahme. Eine gewisse Behutsamkeit im Umgang mit Eltern bedeutet dabei keinesfalls dauerhafte Schonung im Gesprächsverlauf sowie in der Gestaltung der Erziehungspartnerschaft.

Elternsorgen und -ängsten Raum geben

Ist die Beziehung zwischen Fachkraft und Eltern jedoch möglichst „bindungssicher“, so können Elternsorgen und -ängste und auch elterliche Entwicklungsaufgaben deutlich besser miteinander besprochen werden. Natürlich entstehen auch zwischen Eltern und Fachkräften Bindungen. Fühlen sich Eltern angenommen, so wird die Fachkraft vertrauenswürdig sowie sicherheitsspendend erlebt. Die Eltern wissen dann: „Mir wird hier nichts geschehen. Ich darf mich öffnen und berichten. Gemeinsam suchen wir eine Lösung für die erlebten Schwierigkeiten." Noch wenig gereifte Eltern profitieren von pädagogischen Fachkräften, die auch gerne für diese Eltern eine sichere Basis darstellen. Ein professionelles Hilfeverständnis ist hier enorm wichtig: Niemals geht es darum, für das Kind ein „besserer Elternteil“ zu sein. Damit würde für die Eltern eine unerträgliche Konkurrenzsituation entstehen, und das Kind wiederum müsste früher oder später den schmerzlichen Verlust bewältigen, dass die Beziehung nicht von Dauer ist.

Robustheit und Abgrenzungsfähigkeit sind wichtige Eigenschaften, die Sie als pädagogische Fachkraft mitbringen sollten: Wenig gereifte Eltern erleben Ihre Existenz vielleicht als bedrohlich oder verunsichernd. Dies kann Ablehnung auslösen, andererseits aber auch maximale Bewunderung, sodass Sie beständig befragt und eingebunden werden. Wenn Sie spüren, dass eine engmaschige Begleitung Ihre eigenen Ressourcen und Kompetenzen überschreitet, so sollten Sie rechtzeitig weitere Hilfen mobilisieren und die Eltern an externe Beratungsstellen weitervermitteln.

2

Mit Eltern ins Gespräch kommen – Impulse aus der Praxis

Jedes Familiensystem ist von eigenen Dynamiken geprägt. Was für eine Familie maximal entlastend und unterstützend sein kann, stürzt eine andere Familie stattdessen in chaotische Zustände und kann sogar zu einer Verschlimmerung einer Situation führen. Jede Familie, die eine Kindertagessstätte betritt, sollte in ihrer Individualität gesehen und angenommen werden. Sie als Fachkraft sind also immer dazu aufgefordert, verschiedene Perspektiven sowie Betrachtungsweisen einzunehmen.

Ein rein defizitärer Blick führt in aller Regel dazu, dass kindliches sowie elterliches Verhalten problematisiert, vielleicht sogar pathologisiert wird. Ein Kind, das sich „schwierig" und „unangepasst" verhält, wird dann möglicherweise rasch als trennungsängstlich, aggressiv, verwöhnt oder entwicklungsverzögert eingestuft. Natürlich bringt jedes Kind seinen ganz persönlichen Wesenskern und damit einhergehende Entwicklungsaufgaben mit. Jedes Kind trifft jedoch auf eine Umwelt, die unterstützend, ermutigend oder entwicklungshemmend sein kann. Hieraus entspinnt sich zwischen Eltern und ihren Kindern eine eigene Dynamik. Das Bemühen, niemals damit aufzuhören, die Eigenheiten einer Eltern-Kind-Bindung verstehen zu wollen – durch Beobachtung und die Kunst, gute Fragen zu stellen –, kennzeichnet gute pädagogische Arbeit. Diese Fähigkeiten dürfen sich im Laufe des Berufslebens entwickeln und verfeinern. Dies gelingt am besten, wenn man mit wertschätzendem Blick auf Eltern und ihre Kinder blickt. Manchmal ist die Suche nach Ressourcen und gelingender Kommunikation in einem mehr oder weniger dysfunktionalen Familiensystem tatsächlich sehr erschwert. Die Suche danach lohnt sich jedoch, auch dann, wenn zunächst nur minimale Spuren davon sichtbar werden. Der Glaube an die elterliche Entwicklungsbereitschaft darf niemals verloren gehen. Ebenso wenig das Festhalten an der Idee, dass Eltern in aller Regel einen guten Elternjob machen wollen – auch dann, wenn es jenen derweil noch an Ideen, Wissen und Kompetenzen mangelt, wie dies gelingen kann.

Dies wiederum bedeutet keinesfalls, dass Sie als Fachkraft alles durchgängig positiv bewerten müssen, was Ihnen im Laufe ihres Berufslebens an möglichen Eltern-Kind-Dynamiken begegnet. Dass man Eltern jedoch nicht mit Zwang und Druck verändern kann, ist eine Tatsache. Viele Eltern haben – ebenso wie ihr Kind – einen langen Entwicklungsweg vor sich.

Elterngespräche in Kita, Krippe und Kindertagespflege entbinden Eltern niemals von ihrer persönlichen Verantwortung, sich weiterzuentwickeln. Eltern und Kinder unterscheiden sich manchmal viel weniger voneinander, als man zunächst annehmen möchte. Sie möchten sich gesehen und anerkannt fühlen. Sie wünschen sich Menschen, die an sie und ihre innere Entwicklungsbereitschaft glauben. Sie möchten Fragen stellen, manche sogar immer wieder. Diese Form der Rückversicherung gibt ihnen Orientierung und Sicherheit. Sie möchten etwas über Grenzen erfahren und brauchen Hilfe dabei, wenn die Einhaltung dieser Grenzen mit Schwierigkeiten einhergeht. Diese Grenzen sind nicht willkürlich definiert. Sie ergeben sich automatisch, wenn es um das kindliche Wohl, um Schutz und Würde sowie um Normen und Werte geht, die ein soziales Zusammenleben ermöglichen. Auch Eltern wünschen sich Verständnis, wenn etwas nicht gut geklappt hat. Wenn Eingeständnisse von Überforderung nicht zu einem Beziehungsabbruch oder massiver Kritik führen, so festigt dies vielmehr das Vertrauen in die Fachkraft.

Wie Ihnen als Fachkraft diese anspruchsvolle Aufgabe gelingen kann, wird in den nun folgenden Fallspielen ausführlich besprochen.

2.1 Die beziehungsorientierte Eingewöhnung

Es ist unerheblich, wie alt ein Kind ist: Erste Erfahrungen mit außerfamiliärer Betreuung sollten für ein Kind möglichst gut und möglichst bewältigbar verlaufen. Trifft ein Kind auf eine freundliche, verständnisvolle Umwelt, so festigt sich in ihm das grundlegende Vertrauen, dass man achtsam mit ihm umgeht und ein respektvoller Umgang zwischenmenschliche Beziehungen kennzeichnet.

Ist das elterliche Erziehungsverhalten von diesem Wertegerüst geprägt, so wird ein Kind auch nichts anderes erwarten und gegen eine unfeinfühlige Behandlung durch andere protestieren. Sind Elternpersönlichkeiten selbst belastet oder noch mitten in ihrer Entwicklung, so sollte der Übergang in die außerfamiliäre Betreuung erst recht beziehungsbezogen erfolgen: Das Kind hat nun die Chance, andere Beziehungsmodelle und Kommunikationsformen kennenzulernen – dies gilt im Übrigen auch für die Eltern.

Der Übergang in die außerfamiliäre Betreuung ist hochbedeutsam für das Kind und seine weitere Entwicklung: Es rückt die Bedeutung von Autonomie und Selbstständigkeit in den Mittelpunkt. Es geht darum – ganz vereinfacht ausgedrückt –, sich in einer Umwelt zu bewegen, in der Erfahrungen ohne die Eltern gesammelt werden und wo andere Personen stellvertretend die Fürsorge- und Aufsichtspflicht übernehmen. Nun liegt es in der Natur von Eingewöhnungsprozessen, dass diese oftmals alles andere als idealtypisch oder belastungsfrei verlaufen.

Wie Herausforderungen gemeinsam mit Eltern und Kindern gemeistert werden können, wird in diesem Kapitel anhand der Fallbeispiele Maja, Bruno, Claire und Felix besprochen.

MAJA – EIN GUTER START IN EINE GUTE KINDERGARTENZEIT

Hier geht es um die folgenden Themen:

- Verlauf einer bindungsorientierten Eingewöhnung im Kindergartenalter
- Eingewöhnung von bislang familienbetreuten Kindern
- Fachkräfte als sichere Basis für Eltern und Kinder
- Die Bedeutung von Abschiedsritualen
- Die Rolle von bereits eingewöhnten Kindern

Auch in der zweiten Woche der Eingewöhnung weicht Maja, drei Jahre, ihrer Mutter nicht von der Seite. Maja wurde bislang von den Eltern sowie ihrer Oma familienbetreut. Bislang gab es noch keinen Trennungsversuch. Bezugserzieher Thomas und Majas Mutter einigen sich nun auf das weitere Vorgehen: Auch in den nächsten zwei Wochen wird Maja nicht mit dem Versuch der Trennung konfrontiert. Maja soll sich sicher im Kindergarten fühlen, die anderen Kinder besser kennenlernen sowie eine vertrauensvolle Beziehung zu Thomas aufbauen. „Was machen wir, wenn es in zwei Wochen immer noch nicht besser ist?", fragt die Mutter besorgt. „Es dauert so lange, wie es eben dauert", erwidert Thomas darauf ruhig. Die gelassene Einstellung von Thomas beruhigt die Mutter und wird auch in der Interaktion mit Maja sichtbar. Anstatt das Kind andauernd zum selbstständigen Spielen aufzufordern, verhält sich die Mutter nun deutlich passiver. Majas Anhänglichkeit ihr gegenüber war ihr vor dem Gespräch mit Thomas sichtlich unangenehm. Nun beantwortet sie Majas Bindungsverhalten einfühlsamer und gelassener.

Maja erhält eine Patin, ein Vorschulkind, das sich sehr freundlich um den Neuankömmling kümmert. Maja kann sich zunächst nicht auf ein Spiel mit Thomas einlassen, aber sobald ihre Patin mitspielt, hat sie sichtlich Spaß an der gemeinsamen Aktivität. Anstatt Maja aktiv von der Mutter zu trennen, kommt es immer häufiger zu Situationen, in denen Maja einfach mit ihrer Patin oder Thomas den Raum verlässt. Die Mutter bleibt weiterhin als sichere Basis im Raum sitzen. Maja kehrt nach ihren Ausflügen sichtlich stolz zu ihrer Mutter zurück. Nach fünf Wochen kann sich die Mutter von Maja verabschieden. Maja hält dabei die Hand ihrer Patin und Thomas sitzt neben Maja. Dieses Abschiedsritual wird auch in den nächsten Tagen so beibehalten. Maja ist nach sieben Wochen sehr gut im Kindergarten angekommen.

Können andere Kinder die Eingewöhnung positiv unterstützen?

Die Eingewöhnung eines jeden Kindes nimmt Einfluss auf die gesamte Kindergruppe. Somit hat die Fachkraft immer auch eine Verantwortung für die gesamte Gruppe. Kinder, die trotz abgeschlossener Eingewöhnung nach wie vor eine übermäßige Aktivierung ihres Bindungssystems aufweisen, können durch das Weinen des Eingewöhnungskindes bei Trennungsversuchen in ihrem eigenen Trennungsschmerz erneut getriggert werden. Kinder, die gut in der Gruppe angekommen sind, die eine sichere Beziehung zu einer Fachkraft aufgenommen haben und eine positive sozio-emotionale Entwicklung zeigen, reagieren gelassener auf die Stresssignale anderer Kinder. Möglicherweise drücken diese Kinder sogar Mitgefühl aus und versuchen aktiv zu helfen (Strüber 2019). Sie bringen Spielzeug oder bieten Unterstützung an, indem sie das Kind beispielsweise an die Hand nehmen möchten. Die eingewöhnende Fachkraft darf diese Hilfsangebote annehmen. Es gibt Kinder, die sich besser auf ein interessantes Spielangebot mit einem Gleichaltrigen einlassen können als auf dem Arm der noch wenig vertrauten Fachkraft. Die Verantwortlichkeiten müssen jedoch immer klar sein: Ein Kind kann kein anderes Kind eingewöhnen. Es kann diesem keine sichere Basis sein. Positive Peerinteraktionen können Eingewöhnung jedoch sehr positiv beeinflussen und kindliche Stresszustände mildern.

Trennungsschmerz und wachsende Bindungssicherheit

Insbesondere Kleinkinder reagieren häufig intensiv auf eine Trennung von ihren Eltern. Besonders einprägsam bildet sich Trennungsleid zwischen dem ungefähr zehnten und 18. Lebensmonat ab. Die Präferenz der Eltern und damit einhergehendes Bindungsverhalten zeigt sich in bindungsbezogenen Eltern-Kind-Einheiten oder Zweierbeziehungen dabei universell und somit erwartbar. Kindlicher Trennungsschmerz kann nicht verhindert, lediglich abgemildert werden. Kleine Kinder reagieren *immer* mit einem Anstieg von physiologischen Parametern, wenn sie in einer fremden Umgebung zurückgelassen werden. So kommt es u.a. zu einem Anstieg der Herzfrequenz. Sicher gebundene Kinder zeigen ihre innere Erregung unübersehbar, finden jedoch nach Rückkehr der vertrauten Bindungsperson rasch ihre innere Balance wieder. Für unsicher gebundene Kinder ist dieser Effekt nicht nachweisbar. Sie kämpfen weiterhin mit der inneren Anspannung und können dabei förmlich von Stresshormonen, allen voran Cortisol, überflutet werden (Ahnert 2020, Grossmann & Grossmann 2021). Dass Kinder heutzutage eine Eingewöhnung erhalten und nicht einfach an der Türe einer pädagogischen Institution abgegeben werden, ist maßgeblich den Befunden der Bindungsforschung zu verdanken (› Kapitel 3.2). Es wurde verstanden, dass man Kindern, insbesondere wenn sie zum *ersten Mal* außerfamiliär betreut werden, eine Eingewöhnungs- und Ankommenszeit gemeinsam mit den Eltern ermöglichen muss. Dies gilt im Übrigen nicht nur für die Altersgruppe vor dem dritten Geburtstag, sondern ebenso für das Kindergartenalter.

Inwieweit frühe Trennungserfahrungen vereinbar mit dem kindlichen Wohle sind, ist trotz bestehender Eingewöhnungskonzepte eine wichtige Frage, die gestellt werden darf. Auch hier kommt das von Bowlby etablierte Konzept der Sicherheitsbasis (› Kapitel 3.2) erneut zum Tragen. Selbstverständlich können Kinder zu pädagogischen Fachkräften eine bindungssichere Beziehung aufnehmen. Diese wiederum unterminiert niemals die Bedeutung der überdauernden Eltern-Kind-Beziehung, während die Fachkraft-Kind-Beziehung zeitlich begrenzt ist.

Letztere bietet dem Kind jedoch Sicherheit in der zunächst noch wenig vertrauten Umgebung und mildert kindliches Trennungsleid im Fall einer guten Beziehung effektiv ab. Natürlich dürfen Kinder ihre Eltern weiterhin vermissen, fröhliches Spielen und angstfreies Erkundungsverhalten sollte allerdings ohne weiteres möglich sein.

Pädagogische Fachkräfte haben eine hochanspruchsvolle Tätigkeit. Die Annahme, sie würden lediglich mit Kindern spielen, diese betreuen, wird in keinster Weise dem gerecht, was engagierte Pädagog:innen und Tageseltern jeden Tag leisten. Die Vielfalt an Aufgaben und Anforderungen lässt sich dabei wie folgt zusammenfassen:

Emotionale Zuwendung, Sicherheit und Regulation: Eine pädagogische Fachkraft sollte sich feinfühlig und zugewandt gegenüber dem Kind verhalten. Sie sollte ausreichend Sicherheit vermitteln und sich dem Kind in angstmachenden oder frustrierenden Situationen rechtzeitig zuwenden. Kindliche Stresszustände sollten durch kompetente Co-Regulation verringert und effektiv abgebaut werden. Diese Verhaltensweisen der Fachkraft nehmen unmittelbaren Einfluss auf den Aufbau von kindlichem Vertrauen und sind die Basis einer guten Beziehung. Ein Kind hat dann eine gute Beziehung zu einer Fachkraft aufgenommen, wenn es sich gerne von dieser trösten, hochnehmen und beruhigen lässt sowie in deren Anwesenheit in einen ruhigen, erholsamen Schlaf findet. Bei sehr kleinen Kindern sind außerdem das Wickeln sowie Füttern gut möglich.

Assistenz und Unterstützung: Die aktive, jedoch nicht drängende Ermutigung, die Umwelt spielerisch zu erkunden, ist ein weiterer Aspekt von gelingender Beziehung. Kinder brauchen in vielen Situationen Hilfe und Anleitung. Fühlt sich ein Kind sicher in der Beziehung zu einem Erwachsenen, so wird es diesen ohne Umschweife um Unterstützung bitten. Es liegt dann im Ermessen der Bezugsperson, wo sie unterstützt und wo sie reifende Selbstständigkeit durch bewusste Zurückhaltung erst ermöglicht (Pauen & Ross 2020, Ahnert 2020).

Impulse für Elterngespräche

▷▶▷ Der erste Übergang in die außerfamiliäre Betreuung sollte positiv für das Kind verlaufen. Das ist unserem Team sehr wichtig. Es ist dabei unerheblich, ob ein Kind mit 12 Monaten eingewöhnt wird oder ob es sich dabei um ein Kindergartenkind handelt. Alle Kinder brauchen eine gute Eingewöhnung.

▷▶▷ Manche Kinder kommen schnell im Kindergarten an. Andere brauchen dafür wesentlich länger. Es ist ja keine willentliche Entscheidung des Kindes, den Prozess aktiv zu beschleunigen oder zu verlangsamen. Ein kleines Kind verhält sich sehr emotionsgesteuert und reflektiert wenig bis kaum darüber, was sein Verhalten für andere bedeutet. Also nehmen wir doch einfach das Verhalten des Kindes an und orientieren uns an seinem persönlichen Eingewöhnungstempo.

▷▶▷ Natürlich gibt es Modelle, wie das Berliner Modell oder das Münchner Modell. Diese Modelle basieren auf Erkenntnissen der Bindungswissenschaften. Man hat dadurch verstanden, dass Kinder eine Eingewöhnung brauchen und man sie nicht einfach in Betreuungseinrichtungen abgeben kann. Modelle bleiben jedoch Theorie. Ich beziehe mich vielmehr auf das gezeigte Verhalten des Kindes und orientiere mich im Rahmen der Eingewöhnung maßgeblich daran.

▷▶▷ Wenn Kinder Zeit mit ihren Eltern verbringen, so ist das wertvoll. Es festigt und stärkt die Beziehung. Wenn Eltern Zeit, Engagement und Fürsorge in den Bindungsaufbau investieren, so führt dies zu guten Entwicklungsbedingungen für ein Kind.

- Kleine Kinder haben in aller Regel eine niedrige Motivation, sich von ihren Eltern zu trennen. Dies ist im kindlichen Bindungsverhaltenssystem verankert und kein Störungsbild.

- Ein Kind im Kindergartenalter trägt ein gereiftes, gefestigtes inneres Abbild der Eltern in sich. Natürlich muss dieses innere Bild weiter mit positiven Bindungs- und Beziehungserfahrungen gefüllt und gefestigt werden. Eltern dürfen aber auch Vertrauen haben, dass dieses innere Bild dem Kind hilft, sich ein paar Stunden am Tag zu trennen. Ein Kind in diesem Alter hat verstanden, dass es Mama und Papa weiterhin gibt und diese wiederkommen werden.

- Manchmal ist es für Kinder viel leichter, wenn sie sich aktiv von den Eltern trennen. Diese selbstbestimmte Trennung ist nicht weniger wert als eine initiierte Trennung von Seiten der Eltern.

- Wenn sich ein Kind erstmals für längere Zeit von den Eltern verabschiedet und außerfamiliär betreut wird, so sollte dieser Übergang als gut bewältigbar erlebt werden. Es ist sehr entscheidend, dass dann nicht Angst, Versagen und Stress das Ruder übernehmen. Stattdessen sollte sich ein Gefühl von Kompetenz einstellen: „Ich kann hier eine gute Zeit haben. Ich bin hier sicher und gut aufgehoben."

BRUNO – DAS LAUFENDE STILLKIND

Hier geht es um die folgenden Themen:

- Verlauf einer bindungsorientierten Eingewöhnung im Krippenalter
- Stillen im Kleinkindalter und im Rahmen der Eingewöhnung
- Bindungs- und Explorationsverhalten
- Blickverhalten und social referencing

Bruno (15 Monate) ist ein fröhliches, aktives Kleinkind. Es ist der dritte Tag der Eingewöhnung. Ein klassischer Wechsel von Bindungs- und Explorationsverhalten zeigt sich. Bruno kuschelt sich wiederholt an seine Mutter und sucht regelmäßig ihre Nähe auf. Die Mutter wiederum beantwortet das kindliche Bedürfnis nach Nähe mit großer Selbstverständlichkeit. Sie kommentiert dabei weder das Bindungsbedürfnis, noch scheint sie Sorgen zu haben, dass Bruno sich zu nähebedürftig verhalten könnte. Sie drängt ihr Kind auch nicht zur Exploration, indem sie versucht, ihn zum selbstständigen Spielen zu animieren. Sie ist die sichere Basis und verhält sich ansonsten passiv.

Nach rund dreißig Minuten gewinnt Bruno stetig an innerer Sicherheit in der neuen Umgebung. Er untersucht neugierig verschiedene Spielsachen, die sich neben dem Stuhl der Mutter befinden. Alsbald wird sein Radius immer weiter. Er erkundet den Raum, gesellt sich zu anderen Kindern hinzu und beobachtet interessiert das Spiel der bald Dreijährigen. Eins der Kinder nimmt Bruno an die Hand und zeigt ihm Spielsachen. Bruno kann sich gut darauf einlassen. Er ist das dritte Kind seiner Eltern und verfügt bereits über ein gut entwickeltes Interaktionsverhalten mit anderen Kindern.

Emotionskompetente Kinder zeigen deutlich weniger Rückzugstendenzen in sozialen Situationen und kommen besser mit ihren Peers zurecht. Sie entwickeln weniger häufig externalisierendes oder internalisierendes Problemverhalten (Siegler et al. 2016).

Bruno nimmt regelmäßig Blickkontakt mit seiner Mutter auf, die ihn aufmerksam beobachtet. Nonverbal scheint er seine Mutter zu fragen: „Wie beurteilst du diese Situation?" Diese nimmt den fragenden Blick ihres Sohns auf, nickt ihm lächelnd sowie unterstützend zu. Sichtlich beruhigt zieht Bruno weiter seine Kreise.

Untersuchungen von Kleinkindern mit ihren Müttern unter standardisierten Bedingungen zeigen, dass das sogenannte soziale Referieren hochbedeutsam für kindliches Erkundungsverhalten ist. So beziehen sich Kinder auf mimische, aber auch vokale Hinweise der Erwachsenen (Siegler et al. 2016). Je nach Art der Information, die sie darüber erhalten, werden sie lediglich durch den Blickkontakt dazu ermutigt, sich weiter in Erkundungsverhalten zu üben oder sich gegenüber unbekannten Situationen bzw. Objekten vorsichtig oder sogar vermeidend zu zeigen. Dieser Effekt zeigt sich auch im Rahmen der Eingewöhnung.

Nach rund dreißig Minuten kehrt Bruno zu seiner Mutter zurück und beginnt an ihrem Oberteil zu ziehen. Er macht deutlich, dass er gestillt werden möchte, was in einem anderen Raum möglich ist. Im Anschluss an das Stillen erkundet Bruno mit neuer Energie den Raum. Er beginnt mit Isabella, der eingewöhnenden Erzieherin, ein gemeinsames Spiel, das ihm sichtlich Spaß macht.

Wie Brunos Eingewöhnung weiterging? Mutter und Erzieherin vereinbarten, dass die erste Trennung in der zweiten Woche der Eingewöhnung stattfand. Die bewusste Gestaltung des Übergangs in die außerfamiliäre Betreuung tat Bruno sichtlich gut. Er fasste rasch Vertrauen zu Isabella, was jedoch nur möglich war, da seine Mutter zunächst als sichere Basis im Raum präsent war. Die Beziehung zu Isabella konnte in Anwesenheit der Mutter stetig wachsen. Die Mutter stillte Bruno während der Eingewöhnung nach Bedarf. Nach sechs Wochen war Bruno sehr gut in der Krippe angekommen. Bei emotionaler Verunsicherung suchte er die Nähe von Isabella, die ihn rasch und nachhaltig beruhigen konnte. Bruno zeigte auch im Krippenalltag einen beständigen Wechsel von Explorations- sowie Bindungsverhalten. Das spielende Erkundungsverhalten zeigte sich jedoch stärker als das Aufsuchen von Isabella als sichere Basis. Brunos Bindungssystem war somit sichtlich beruhigt, was das freie Spielen erst ermöglichte. Die Eingewöhnung war maßgeblich davon gekennzeichnet, dass sich Bruno stets sicher fühlte.

Stillen und Eingewöhnung

Muttermilch ist unbestritten das wertvollste Getränk, das ein Kind erhalten kann. Gestillte Kinder weisen eine bessere Immunabwehr auf. Sie haben ein geringeres Risiko für die Entwicklung von Erkrankungen – wie z.B. Diabetes, Asthma oder auch Adipositas –, die zwar keinesfalls lebensbedrohlich sein müssen, aber natürlich mit Einschränkungen der langfristigen Lebensqualität einhergehen (Strüber 2021).

Die Vorteile des Stillens müssen auch aus Perspektive der Mutter diskutiert werden. Stillt eine Mutter, so senkt dies das Risiko, an Brustkrebs zu erkranken (Qiu et al. 2022). Die stillende Mutter hat meist einen niedrigeren Blutdruck, ist ruhiger und kann Stress besser regulieren. Zudem senkt die Produktion von Muttermilch das Risiko, eine postpartale Depression zu entwickeln. Auch das Risiko, nach Entwicklung eines Schwangerschaftsdiabetes dauerhaft an Diabetes mellitus Typ 2 zu erkranken, wird durch das Stillen gesenkt (Strüber 2021, Pathirana et al. 2022, Wang et al. 2023).

Muttermilch hat nachweislich positive Effekte auf die Immunabwehr des Kleinkindes (Bongertz 2021). Dieser Boostereffekt kann im Kontakt mit einer neuen Kita-Keimwelt positiv zum Tragen kommen. Eine längere Stilldauer kann sich außerdem positiv auf das kindliche Stresssystem auswirken. Beim Stillen wird in hoher Konzentration das Bindungshormon Oxytocin freigesetzt, was das Bindungsband zwischen Mutter und Kind stärkt (Strüber 2021, Hardin et al. 2021). Das unerschütterliche Vertrauen in die Mutter, die ihr kleines Kind durch Stillen rasch und nachhaltig beruhigen kann, hemmt die Produktion von Stresshormonen, wie beispielsweise Cortisol. Der abpuffernde Effekt des Oxytocins als Gegenspieler des Cortisols sollte im Rahmen der Kita-Eingewöhnung als schützend betrachtet werden. Eine Überflutung des kindlichen Stresssystems aufgrund der Vielzahl neuer Reize sowie Entwicklungsanforderungen, die sich automatisch im Rahmen jeder Eingewöhnung ergeben, kann durch das Stillen abgewendet oder zumindest in der Intensität reduziert werden. Mit der stillenden Mutter kann besprochen werden, dass eine gleichbleibende Umwelt, insbesondere während der Eingewöhnung, viel Sicherheit gibt. Die kindlichen Ressourcen sollten demnach nicht überstrapaziert werden, sodass für das Kind ein wirkliches Einlassen auf die Eingewöhnung überhaupt möglich wird. Der Entwöhnungs- sowie Abstillprozess ist ebenfalls ein Abschied sowie Loslassen von einer meist geliebten Gewohnheit des Kindes. Auch die Gewöhnung des Kindes an sein eigenes Bett, in seinem eigenen Zimmer, und die damit einhergehende Reduktion des Co-Sleepings, ist eine Trennungssituation. Natürlich treffen Eltern hier ihre persönlichen Entscheidungen. Parallel nicht mehrere Übergangsprozesse zu initiieren, ist jedoch eine wertfreie Information, die Fachkräfte so an Eltern weitergeben können.

Während insbesondere in traditionellen Jäger- und Sammlerkulturen das Stillen von Kindern bis nach deren vierten Geburtstag üblich ist, wird das laufende und sprechende Stillkind hierzulande oftmals als Folge einer zu symbiotischen Mutter-Kind-Bindung betrachtet. Die Rückmeldung von Fachkräften, dass auch eine längere Stilldauer für Kind und Mutter mit positiven Effekten assoziiert ist, entlastet und stärkt viele Mütter maßgeblich.

Impulse für Elterngespräche

- Man kann aktuell sehr gut das Wechselspiel von Bindungs- und Erkundungsverhalten beobachten. Das ist in der Eingewöhnungsphase völlig normal und sogar ein positives, wünschenswertes Verhalten. Auch kurze Sequenzen von Bindungsverhalten dürfen und sollten in diesem Zusammenhang beantwortet werden. Wenn das Kind genug davon hat, so darf es sich selbstbestimmt wieder lösen.

- Der eingewöhnende Elternteil darf hier im Raum sitzen und das Kind beobachten. Gerade in den ersten Tagen ist es gut, wenn Eltern immer wieder Blickkontakt mit ihrem Kind aufnehmen. Allein durch diesen Blickkontakt findet Kommunikation statt, denn natürlich verstehen sich Kinder und ihre Eltern auch ohne Worte. Wenn es Eltern gelingt, ermutigend zu blicken, dann orientiert sich das Kind daran: „Es ist alles in Ordnung. Dann spiele ich mal weiter."

- Eltern sind die wichtigsten Bezugspersonen für ein Kind. Somit ist es völlig normal, dass ein Kind hier – in der neuen Umgebung – zunächst seine Eltern bevorzugt. Eltern dürfen ihr Kind bei diesem Übergang in die außerfamiliäre Betreuung beruhigen und auch trösten, wenn es erforderlich ist. Die Aufgabe der Fachkraft ist es, durch den Aufbau einer guten Spielbeziehung zunächst das Interesse, später dann auch das Vertrauen des Kindes zu gewinnen.

- Je vertrauter die Fachkraft ist, desto mehr Sicherheit kann diese einem Kind vermitteln und es bei den anstehenden Trennungssituationen sicher und ruhig begleiten.

- Natürlich können Mütter auch im Rahmen der Eingewöhnung ihr Kind hier stillen. Dieser Raum hier kann gut als Rückzugsort für das Stillen genutzt werden.

- Es ist wissenschaftlich nachgewiesen, dass auch laufende und sprechende Stillkinder von Muttermilch profitieren. Somit gibt es keinen Anlass dafür, dies im Rahmen der Eingewöhnung zu beenden.

- Auch ein noch gestilltes Kind kann sehr gut in der außerfamiliären Betreuung in den Schlaf finden – natürlich ohne das Stillen. Vielmehr ist es eine Chance, dass ein anderes Einschlafverhalten erlernt wird: Mama stillt mich zum Einschlafen. Papa trägt mich. Und die Fachkraft legt sich neben mich und ich kann mich ankuscheln.

- Kinder erwarten ausschließlich von ihren Müttern, gestillt zu werden. In der Betreuung drücken die Kinder ihr Bindungsbedürfnis anders aus: Sie strecken die Ärmchen aus oder möchten in den Arm genommen werden. Bindungsverhalten ist im Ausdruck vielfältig. Somit haben auch verschiedene Personen die Chance, durch die einfühlsame Beantwortung von Bindungsverhalten eine gute Beziehung zu einem kleinen Kind aufzunehmen.

CLAIRE – EIN LANGERSEHNTES WUNSCHKIND

Hier geht es um die folgenden Themen:

- Elterliche und kindliche Trennungsängste
- Verlusterfahrungen aufgrund von Fehlgeburten sowie Frühgeburt
- Regulationsintensive Säuglinge und Kleinkinder
- Wechsel des eingewöhnenden Elternteils
- Psychische Belastungen bei Eltern
- Effekte einer behutsamen Eingewöhnung im Krippenalter

Auch in der dritten Woche der Eingewöhnung kann die Erzieherin Mari keinerlei Fortschritt erkennen. Claire (24 Monate) klammert sich bereits beim Betreten der Kita panisch an ihren Vater. Sie vermeidet jeglichen Blickkontakt mit Mari. Der Vater ist sichtlich betroffen. Zwar drängt er seine Tochter nicht, sich von ihm zu lösen, aber die Verunsicherung ist ihm deutlich anzusehen. Da Claire jedes Spielangebot ablehnt, findet zwischen Mari und den Eltern ein Gespräch statt. Dieses wird online geführt, und zwar während der Schlafenszeit von Claire. Nur auf diesem Weg können beide Eltern an dem Gespräch teilnehmen, da diese auf keinerlei familiäre Betreuungsangebote zurückgreifen können.

Mutter und Vater sprechen sehr offen ihre Gefühle und Bedenken an. Insbesondere die Mutter sorgt sich, dass Claire durch den einmaligen Trennungsversuch ein Trauma erlitten habe – auch wenn dieser nur sehr kurz gewesen sei. Zudem befürchten beide Eltern einen Vertrauensverlust von Claire in sie als Eltern. Claire sage jeden Morgen erneut „Kita, nein, zu Hause bleiben." Die Eltern würden dies natürlich ernst nehmen, aber ihr Kind dennoch täglich erneut in die Kita bringen.

Bereits der gemeinsame Start als Familie war von vielen Sorgen überschattet. Nach mehreren Fehlgeburten hatten die Eltern sehr große Angst davor, ein weiteres Kind zu verlieren. Claire kam als Frühchen auf die Welt. Die Eltern berichten von diversen Anpassungsschwierigkeiten in den ersten Lebenswochen und von vielen sorgenvollen Momenten in dieser Zeit. Claire sei ein „untröstliches" Baby gewesen, das im Anschluss an die Zeit in der Kinderklinik nur durch permanenten Körperkontakt sowie lange Phasen von Clusterfeeding zu beruhigen war. Claire bevorzuge bis heute ihre Mutter. Sobald der Vater versuche, das Kind zum Schlafen zu bringen, würde Claire „völlig außer sich geraten". Auch die Tatsache, dass Claire abgestillt ist und einen Schnuller habe, hatte die Situation nicht verändert.

Clusterfeeding

Cluster ist ein englischer Begriff für Ansammlung oder Anhäufung. Bei Babys lässt sich oftmals eine deutliche Steigerung ihres Stillverlangens in den späten Nachmittags- sowie Abendstunden feststellen. Es zeigt sich dann ein beständiger Wechsel von nutritivem, also nährendem Stillverhalten sowie nicht-nutritivem Stillen, das vorrangig der Beruhigung des Säuglings dient.

Mari thematisiert zunächst die elterliche Ambivalenz: „Einerseits sorgen Sie sich, dass die Eingewöhnung schadet. Andererseits wünschen Sie sich, dass Claire ein Krippenkind wird. Sich in diesem Prozess unsicher zu fühlen, ist vollkommen in Ordnung. Lassen Sie uns gemeinsam überlegen, was die Situation positiv verändern könnte." Auf diesen Vorschlag können sich beide Elternteile sehr gut einlassen. Mari bespricht mit den Eltern, dass die Eingewöhnung mit dem Vater eine „doppelte Trennung" für Claire bedeuten könnte: Bereits zu Hause zeige Claire starken Trennungsprotest, indem sie sich an die Mutter anklammere und heftig weinen würde. Dass Claire nach diesem morgendlichen „Drama" keinerlei Motivation zeige, sich von ihrem Vater in der Krippe zu lösen, sei somit nicht verwunderlich. Die Idee, dass die Mutter nun die weitere Eingewöhnung übernehmen werde, entlastet den Vater sichtlich. „Auch wenn die ersten Wochen nach außen hin keinen sichtbaren Fortschritt erbracht haben, waren Sie für Claire sehr wichtig in diesem Prozess. Sie haben sich gut um Ihre Tochter gekümmert, sie getröstet und aufgefangen." – auf diese Weise drückt Mari Wertschätzung für das väterliche Engagement aus. Es ist offensichtlich, dass ihm die Worte guttun und ihn berühren.

Claires Mutter kann sich gut auf diesen Vorschlag einlassen, auch wenn sie bislang die Übernahme der Eingewöhnung gescheut hatte. Der Start in die Mutterschaft war von vielen Sorgen und Ängsten überschattet. Nicht nur Claire fällt es schwer, sich von ihrer Mutter zu trennen. „Wenn ich Claire allein lasse, dann denke ich sofort, ich lasse sie im Stich. Ich kann die Zeit ohne Claire überhaupt nicht genießen oder sinnvoll füllen", so beschreibt die Mutter ihre inneren Angstzustände im Rahmen von Trennungssituationen. Da sie dies selbst sehr belaste, habe sie mit einer Psychotherapie begonnen – dies vertraut sie Mari an. Damit die Rückkehr in ihren Job als Lektorin sowie die kontinuierliche Fortsetzung der Therapie überhaupt möglich werde, sei die Mutter dringend auf die außerfamiliäre Betreuung angewiesen.

Nach diesem Gespräch – das die Beziehung zwischen Eltern und Mari sichtlich gestärkt hatte – besuchen Mutter und Kind vier Wochen lang täglich für 1,5 Stunden die Krippe. Es gibt dabei keinerlei Trennungsversuche. An Claire werden keinerlei Erwartungen gestellt. Sie darf einfach Claire sein. Dieser neue Weg erweist sich als sinnvoll. Claire zeigt kontinuierlich weniger anklammerndes Bindungsverhalten. Sie klettert freiwillig vom mütterlichen Schoß und lässt nun Blickkontakt mit Mari zu. In der zweiten Woche lässt sie sich von Mari an die Hand nehmen. In Woche drei rückt sie beim gemeinsamen Vorlesen in Maris Nähe und lässt zu, dass diese den Arm um sie legt.

Eine kurze Trennung in der fünften Woche verläuft sehr positiv. Claire kuschelt sich dabei in den Arm von Mari. Sie zeigt Wiedersehensfreude, als ihre Mutter wieder den Raum betritt. In den nächsten vier Wochen kann die Trennungszeit täglich gesteigert werden. Nach über drei Monaten Eingewöhnungszeit ist Claire gut in der Krippe angekommen. Sie besucht diese täglich für drei Stunden und wird von der Mutter unmittelbar nach dem Mittagessen abgeholt. Den Mittagsschlaf macht Claire zu Hause, und dieses Abkommen wird für die nächsten Monate so beibehalten. Claire möchte dann von sich aus länger bleiben, sodass erst dann die Betreuungszeit gesteigert wird.

Nimmt die Eingewöhnung Einfluss auf die Bindungsbeziehung?

Diese Frage drängt sich besorgten Eltern auf, die sich für eine außerfamiliäre Betreuung entschieden haben, diese jedoch zugleich kritisch für sich reflektieren. Bisherige Forschungsbefunde zeigen auf, dass die Bindungsqualität zwischen Müttern und ihren Kindern davon unberührt bleibt. Die Untersuchungen beleuchten dabei kaum die Rolle der Väter, sondern rücken die Mutter-Kind-Beziehung in den Mittelpunkt. Da sich heutzutage ebenso Väter im Rahmen der Eingewöhnung engagieren, sollte deren wichtige Bedeutung ebenso erforscht werden.

Sicherlich lassen sich die derzeitigen Befunde, gewonnen aus der Beobachtung von Mutter-Kind-Dyaden, auf Eingewöhnungsprozesse mit Vätern übertragen. Zentrale Erkenntnisse sind: Zeitlich knapp limitierte oder wenig einfühlsame Eingewöhnungsprozesse können sich nachteilig auf die Bindungsbeziehung zwischen Eltern und Kind auswirken, sodass sich die Qualität der Beziehung verschlechtert (Ahnert 2020). Eine gute, einfühlsame Eingewöhnung wiederum kann das Vertrauen in den anwesenden Elternteil im besten Fall sogar nachhaltig festigen. Gerade im Rahmen einer langwierigen Eingewöhnung kann dieser stärkende Befund den Eltern wertschätzend mitgeteilt werden. Demzufolge bleibt im Rahmen guter Eingewöhnungsprozesse die Qualität der Bindungsbeziehung in aller Regel davon unberührt. Gewonnene Bindungssicherheit entfaltet ihre schützende Wirkung gerade hier verlässlich und wohltuend für das Kind, vorausgesetzt, die Eltern bringen sich weiterhin als sichere Basis ein.

Prä- und postpartale Prägungen

Es gibt Kinder, die als besonders regulationsintensiv wahrgenommen werden. Sie zeigen intensive Gefühlszustände. Sie können aus Sicht der Erwachsenen weniger gut und nachhaltig beruhigt werden, sodass es beständig Situationen gibt, die eine erneute Co-Regulation erforderlich machen. Zugleich werden diese Kinder häufig auch als weniger einlenkbar und lösungsorientiert in ihrem Handeln erlebt. Hier ist der geschulte Blick von Fachkräften wichtig, um eine vorschnelle Pathologisierung des kindlichen Verhaltens abzuwenden.

Was nimmt Einfluss auf kindliches Verhalten?

- Reagiert das Kind möglicherweise so heftig, da es bislang zu wenig Raum für Selbstbestimmung und Autonomie gibt?
- Haben familiäre Stresserfahrungen zu dieser Dynamik geführt?
- Haben die Eltern selbst ausreichend Ressourcen und ein stützendes Netzwerk?
- Wurde gerade ein Geschwisterkind geboren oder gab es andere große Veränderungen im Familiensystem?
- Erlebt ein Kind seine Eltern auch im Rahmen von Konfliktsituationen als sichere Basis?

Je nach Ausgangslage können unterschiedliche Erklärungsansätze herangezogen werden. Auch die Phasen Schwangerschaft, Geburt und Wochenbett sind an dieser Stelle sehr bedeutsam. Bereits in der Schwangerschaft kommt es zu ersten Temperamentsprägungen des Fötus' und späteren Neugeborenen. Entscheidend ist hier das Stressniveau der schwangeren Frau. So nimmt das intensive Erleben von Stress während der Schwangerschaft Einfluss auf die Entwicklung kindlicher Dispositionen. Die Mutter produziert hohe Cortisoldosen, welche über die Plazenta auch das Ungeborene erreichen. Angenommen wird hier eine fötale Programmierung: Die erhöhte mütterliche Cortisolproduktion hat zugleich Einfluss auf die langfristige Cortisolproduktion ihres Kindes, was sich dann auch im kindlichen Verhalten zeigt (Strüber 2019). Nach der Geburt werden diese Babys möglicherweise als irritierbarer beschrieben. Sie wirken unruhiger, untröstlicher und weinen mehr. Auch später gibt es eine stärkere Tendenz, dass diese Kinder als weniger gut „regulierbar“ erlebt werden. Sie können sich tendenziell aufbrausender oder auch ängstlicher verhalten. Diese Effekte zeigen sich stabil über verschiedene Studien hinweg (Strüber 2019).

Ein erhöhtes Risiko für eine verstärkte Irritierbarkeit zeigt sich auch bei Frühchen. Je unreifer ein Kind zur Welt kommt, desto mehr scheint auch das Risiko für Störungen der Affektregulation zu steigen. So zeigte sich im Rahmen einer Studie, dass bei zu früh geborenen Grundschulkindern sowie Jugendlichen die physiologische Cortisolfreisetzung in den Morgenstunden dauerhaft erhöht war, während bei reif geborenen Altersgenossen niedrigere Messwerte nachgewiesen wurden. Je früher der Zeitpunkt der verfrühten Geburt war, desto stärker war der Cortisolwert erhöht (Strüber 2019).

Allerdings handelt es sich lediglich um ein erhöhtes Risiko für die Entwicklung entsprechender Verhaltensdispositionen. Im Umkehrschluss lässt sich also nicht schlussfolgern, dass vorgeburtlicher Stress oder Frühgeburtlichkeit per se zu kindlichen Auffälligkeiten führt. Vielmehr kommt es zu einem komplexen Zusammenspiel verschiedener Faktoren. Frühkindliche Bindungserfahrungen sind an dieser Stelle erneut äußerst bedeutsam. Auch hier hat erlebte Bindungssicherheit einen schützenden Einfluss und hemmt die Entwicklung problematischer Verhaltensweisen. Insbesondere Kinder, deren Mütter eine Überflutung mit Stresshormonen während ihrer Schwangerschaft erlebten oder die als Frühchen zu Welt kamen, profitieren folglich von einem besonders feinfühligen Interaktionsstil. Die elterliche Kompetenz, die Feinzeichen ihres irritierbaren Kindes zu verstehen, führt im Idealfall zu einer effektiven Beruhigung des noch unreifen kindlichen Stresssystems. Jene Eltern tragen ihre Kinder viel, reagieren prompt und verlässlich auf die kindlichen Signale und sprechen zugleich einfühlsam mit ihren Babys. In diesen bindungsrelevanten Situationen sind die Eltern „gute" Oxytocinquellen, was sich selbst bei hoch irritierbaren Kindern früher oder später positiv in ihrer Affektregulation niederschlägt (Strüber 2019).

Allerdings, und dies ist ein gewichtiger Punkt, der oftmals zu wenig gesehen wird: Untröstliche Kinder beanspruchen ihre Bezugspersonen oftmals extrem. Ihre Betreuung kann zu einer als existenziell erlebten Erschöpfungskrise führen. Dies erschwert die Aufnahme einer sicheren Bindung, und selbst feinfühlige Bezugspersonen können hier an ihre Grenzen kommen. Obwohl sie sich kontinuierlich einbringen, das hoch irrtierbare Kind vor einer Reizüberflutung zu schützen, erleben sie sich zugleich als wenig kompetent dabei. Das Kind weint also weiter, quengelt beständig oder hat später starke Stimmungsschwankungen sowie extreme Wutausbrüche. Dies wiederum lässt die Pflegeperson an ihrer eigenen Kompetenz zweifeln – da eine positive Response von Seiten des Kindes fehlt oder sich zumindest nur zu selten zeigt. Dieses Erleben ist nur nachvollziehbar: Natürlich erhöht ein strahlendes, fröhliches Kind bei der Bezugsperson das Erleben von Selbstwirksamkeit: „Ich kann dieses Kind gut beruhigen und betreuen. Es ist fröhlich, gedeiht und zeigt zufriedene Spielphasen." Hier entwickelt sich ein Engelkreis, während Eltern von äußerst regulationsintensiven Kindern in einen sogenannten Teufelskreis geraten können.

Um dysfunktionale Muster der Affektregulierung sowie Störungen der Eltern-Kind-Beziehung frühzeitig zu erkennen, sind Netzwerke wie beispielsweise die Frühen Hilfen sehr bedeutsam. Pädagogisches Personal in Krippen und Großtagespflege sowie Tageseltern nehmen außerdem eine wichtige Rolle ein. Sie beobachten oft über einen langen Zeitraum die Eltern-Kind-Dynamik sowie kindliches Verhalten in Abwesenheit der Eltern. Auffälligkeiten sollten ohne Scheu zunächst im Team oder bei Supervisionsterminen besprochen werden.

Impulse für Elterngespräche

- Wenn ein Kind überhaupt keinen Kontakt mit einer pädagogischen Fachkraft zulässt, so macht der Versuch einer (weiteren) Trennung keinen Sinn. Ein Kind braucht hier mindestens eine sichere Beziehung, um die Trennung von den Eltern gut zu bewältigen. Also investieren wir weiter in den Aufbau dieser Beziehung, sodass die erste (bzw. nächste) Trennungssituation gut klappt.

- Wenn man klein ist, so hat man in vielen Bereichen noch keinen großen Erfahrungsschatz, auf den man zurückgreifen kann. Dass ein Kind aufgrund dieser Tatsache mit Verunsicherung auf eine Trennung von seinen Eltern reagiert, ist völlig nachvollziehbar.

- Eltern sind in aller Regel die wichtigsten Bindungspersonen im Leben ihres Kindes. Eine Trennung von diesen aktiviert das kindliche Bindungssystem. Das ist normal und sogar wünschenswert. Kinder können sich aber ebenso an pädagogische Fachkräfte oder Tagesmütter binden. Diese neue Beziehung ermöglicht erst die Trennung, puffert Stress ab und hilft dem Kind, sich gut in der Betreuung zurechtzufinden.

- Wenn ein Kind Bindungsverhalten zeigt, so kann man dies mit großer Selbstverständlichkeit beantworten. Eltern können ihr Kind bei der Eingewöhnung in den Arm nehmen, ihm über den Rücken oder den Kopf streicheln. Das tut den Kindern gut.

- Wir – als Team – freuen uns darüber, wenn Eltern Wert auf eine gute Eingewöhnung legen und sich dafür Zeit nehmen.

▷▶▷ Der Start in Ihre Elternschaft war schwer. Sie haben Verluste erlebt und betrauert. Vielen Dank für Ihr Vertrauen, dass Sie mir davon erzählt haben.

▷▶▷ Wenn man zu Beginn seiner Elternschaft eine Trennung von seinem Kind erleben musste, die man auf gar keinen Fall wollte, die aber dennoch medizinisch notwendig war, so kann dies Einfluss auf spätere Trennungs- und Verabschiedungssituationen nehmen. Das ist völlig nachvollziehbar. Wie kann ich Sie dabei unterstützen, dass es Ihnen etwas leichter fällt, sich im Rahmen der Trennungssituation zu verabschieden?

▷▶▷ Der Übergang in die Elternschaft gehört zu den größten Ereignissen im Leben von Menschen. Wenn man aus dieser Zeit noch Belastungen mit sich herumträgt, so kann es hilfreich sein, darüber in einem geschützten, professionellen Rahmen zu sprechen. Es gibt eine Familienberatungsstelle, die wir wirklich empfehlen können. Darf ich Ihnen einen Flyer davon mitgeben?

▷▶▷ Kleinkinder haben eine Hauptbindungsperson, die sie bei Angst, Kummer, Krankheit und starker Verunsicherung aufsuchen. Dass diese Person weiterhin „sicher" bleibt, auch wenn sie ein wenig in die Distanz geht, ist eine wichtige Erfahrung. Die dabei entstehende Trennungs- und Verlustangst muss jedoch von einer anderen, vertrauten Bezugsperson aufgefangen werden. Deshalb gibt es Eingewöhnungsprozesse und deshalb nehmen wir uns Zeit dafür.

FELIX – AUF DEN ANFANG KOMMT ES AN

Hier geht es um die folgenden Themen:

- Abbruch einer Eingewöhnung und Neustart
- Somatische und emotionale Reaktionen auf eine Eingewöhnung
- Beziehungsaufbau zwischen Kind, eingewöhnender Fachkraft und Eltern
- Kindliche Trennungsängste und Tränen
- Positive Effekte einer behutsamen Eingewöhnung im Krippenalter

Für die Eingewöhnung von Felix (2,5 Jahre) hat das Team viel Zeit eingeplant. Im Vorgespräch haben die Mütter von ihrem vergeblichen Versuch berichtet, ihr Kind mit 16 Monaten an den Krippenalltag zu gewöhnen. Die Mütter berichten von einer chaotischen Eingewöhnung mit häufig wechselndem Personal. In den ersten Wochen konnte Felix kurze Trennungen gut bewältigen. Er hatte eine einfühlsame Bezugserzieherin, die ihn gut beruhigen konnte. Diese Erzieherin konnte die Eingewöhnung von Felix aufgrund ihrer Kündigung jedoch nicht fortsetzen. Nach dem Wegfall der sicheren Basis sei Felix wie ausgewechselt gewesen. Bereits am Morgen wollte er nicht mehr das Haus verlassen und weinte bitterlich. Die Mütter brachten Felix gegen seinen Willen jeden Tag erneut in die Kita. Die pädagogischen Fachkräfte bestanden auf die Fortsetzung sowie kontinuierliche Steigerung der Trennungsversuche, die jedoch desaströs verliefen. Felix weinte intensiv bei jeder Trennung und konnte von niemandem beruhigt werden. Er lief dem zurückkehrenden Elternteil völlig aufgelöst und verschwitzt in die Arme. Dabei war es mehrmals zu Situationen gekommen, in denen Felix sich übergeben musste – so stark war seine innere Anspannung im Rahmen der Trennungssituation gewesen. „Er weint aus Wut und Trotz. Er wird sich daran gewöhnen" – verunsichert durch diese Rückmeldungen aus dem eigenen Familien- und Freundeskreis hielten die Mütter daran fest, Felix weiter in die Kita zu bringen.

Felix verlor daraufhin an Gewicht, entwickelte chronische Ohrbeschwerden, die mehrmals antibiotisch behandelt werden mussten, und entwickelte eine extreme Anhänglichkeit gegenüber den Müttern. Er lehnte *jeden* Kontakt mit den Großeltern vollständig ab, obwohl eine Betreuung durch diese vor dem Kita-Start völlig unproblematisch gewesen war. Allerdings ließ er sich nach einiger Zeit ohne große Schwierigkeiten am Morgen abgeben, zeigte jedoch Wesensveränderungen, die neben dem Gewichtsverlust große Sorgen auslösten. Wenn die Mütter ihn abholten, so saß er zwar bei den anderen Kindern oder hielt ein Spielzeug in der Hand. Aber es war offensichtlich, dass er nicht mit den anderen Kindern spielte und ebenso wenig alleine spielte. Wenn er „Mami" oder „Mama" erblickte, so huschte kein Lächeln oder sichtbare Freude über sein Gesicht. Vielmehr sah er durch seine Mütter hindurch und schien erst nach einer gewissen Zeit zu realisieren, dass die Abholzeit gekommen war. Nach rund vier Monaten war die Situation für die Mütter nicht mehr tragbar und sie kündigten den Vertrag. Es dauerte fast zwei Monate, bis sich Felix von den Strapazen erholte und wieder der „alte Felix" war.

Die neue Eingewöhnung von Felix dauerte rund drei Monate. Er durfte sich dabei selbst einen Bezugserzieher – Matias – wählen und konnte zu diesem eine gute, stabile Bindung aufbauen. Der erste Trennungsversuch fand in der vierten Woche statt, und dieses behutsame Vorgehen war für alle Beteiligten sinnvoll.

Die Mütter übernahmen im Wechsel die Eingewöhnung und Felix zeigte bei beiden Elternteilen identisches Beziehungs- und Spielverhalten. Felix suchte beim Betreten des Kita-Raums stets intensiv die Nähe von „Mama" oder „Mami" auf, konnte sich dann aber immer besser lösen und auf den Kontakt mit seinem Bezugserzieher einlassen. Die erste Trennung war durchaus emotional. Auch die anwesende Mutter, „Mami", war sichtlich ergriffen und Felix wiederum klammerte sich fest an sie. Er konnte jedoch an Matias übergeben werden. Im inzwischen vertrauten Körperkontakt beruhigte er sich rasch und nachhaltig.

Auch in den nächsten Wochen waren die Trennungen emotional. Fachkraft Matias konnte Felix jedoch immer rascher verstehen und trösten. Felix zeigte sehr bald Wiedersehensfreude, wenn er „seinen" Bezugserzieher erblickte, und gerade dieses Verhalten war für die Mütter ein sichtbares Zeichen dafür, dass ihr Kind eine gute Beziehung zu Matias aufgebaut hatte. Bei allen Beteiligten wuchs, Woche für Woche, die Zuversicht, dass die Vorgehensweise richtig war. Die Mütter fühlten sich verstanden und angenommen vom pädagogischen Team, das deren Einsatz einfühlsam wertschätzte. Nach dieser schweren Erfahrung, die bei den Müttern große Schuldgefühle hinterlassen hatte, war die neue Eingewöhnung mit vielen Ängsten verbunden gewesen. Das anfängliche Versprechen, dass man diese Eingewöhnung bindungsorientiert und anders gestalten werde, hatte die Mütter nachhaltig beruhigt und ihr Vertrauen in die neue Einrichtung gestärkt.

Menschen unterscheiden sich in der Funktionalität ihres Stresssystems. Dies zeigt sich bereits im Kindesalter. So gibt es Kinder, die gelassener auf eine neue Umgebung oder neue Erfahrungen reagieren. Bei anderen Kindern wiederum führen neue Situationen oder Anforderungen zu einer stark erhöhten Cortisol-Freisetzung, was diese besonders verletzlich und anfällig für intensive Stressreaktionen macht (Strüber 2019). Dies erklärt, warum Eingewöhnungen – auch wenn die Rahmenbedingungen optimal sind – langwierig, kräftezehrend oder kaum durchführbar sein können.

Trennungsschmerz und Resignation

Viele Kinder können im Rahmen ihrer Eingewöhnung heftige Reaktionen zeigen. Sie schreien intensiv, klammern sich wie Ertrinkende an den eingewöhnenden Elternteil an und möchten ihre Bindungsperson auf keinen Fall gehen lassen. Sie wirken untröstlich. Kann die pädagogische Fachkraft das Kind rasch und nachhaltig innerhalb weniger Minuten beruhigen, so ist dies in aller Regel ein positives Zeichen für eine positive Beziehungsentwicklung. Ein Kind sucht bei Angst und emotionaler Verunsicherung die sichere Basis – in diesem Fall die Fachkraft – auf, kann sich nach einer gewissen Zeit aber auch wieder von ihr lösen. Das sichtbare Wechselspiel von Bindungs- und Explorationsverhalten ist ein zentrales Merkmal davon, dass ein Kind im Krippenalter in der pädagogischen Einrichtung de facto angekommen ist.

Wenn ein Kind bei der Trennung von den Eltern länger als ungefähr zehn Minuten weint, dabei sehr panisch klingt und jeglichen Körperkontakt mit der Fachkraft ablehnt, so hat es noch keine ausreichend sichere Beziehung zu dieser aufgenommen. Dies führt in aller Regel zu einer erhöhten Ausschüttung von Cortisol (Strüber 2019).

Was passiert, wenn diese Situation langfristig unverändert bleibt? Jene Kinder zeigen möglicherweise im Rahmen der Abgabesituation weniger Trennungsprotest, sind tagsüber oftmals jedoch weinerlich und rufen immer wieder nach ihren Eltern. Die Kinder zeigen kaum Explorationsverhalten und „hängen" durchgängig am Rockzipfel der pädagogischen Fachkraft. Hat diese zu wenige Ressourcen – wie nachvollziehbar –, so wandern diese Kinder mehr oder weniger ziellos herum. Sie können kein wirkliches Spiel beginnen und wirken traumverloren-abwesend. Ihr Blick wirkt verhangen und leer. Oder sie ziehen sich überwiegend in „ihre" Ecke zurück, die zu einem Schutzraum geworden ist. Dort sitzen sie und warten darauf, wieder abgeholt zu werden. Manche Kinder beginnen ein intensives Schlafverhalten zu entwickeln und entziehen sich auf diese Weise der inneren Anspannung. All dies sind jedoch Kennzeichen von emotionaler Taubheit und

Erstarrung, was im Englischen als „Numbing" bezeichnet wird. Jene Kinder wirken niemals fröhlich, heiter oder gelöst. Fachkräfte sollten bei einer solchen Beobachtung aufmerksam und bedacht reagieren. Es bedarf einer Abklärung, ob das Kind resignative Zeichen zeigt. Das kindliche Gehirn schaltet nicht mehr in den aktiven Bewältigungsmodus, denn dies wäre verschwendete Energie. Anstatt weiter mit einer erhöhten Cortisolfreisetzung auf die missliche Situation zu regieren, entwickelt sich eine Cortisolunterfunktion (Strüber 2019). Dies erklärt den verminderten Antrieb und die Auffälligkeiten im kindlichen Verhalten.

Wie lässt sich dies erklären? Cortisol hat stets zwei Wirkungseffekte:

- Ein Cortisol-Schub macht das Gehirn „leistungsbereit".
- Es erhöht die innere Bereitschaft, sich im Anschluss an eine Stresssituation reflektierend mit dieser auseinanderzusetzen. Daraus gewonnene Erkenntnisse werden lernend integriert und im Verhaltenssystem abgespeichert.

Ein Mangel an Cortisol führt dazu, dass diese Prozesse ausbleiben oder zumindest erschwert sind (Strüber 2019). Diese neurowissenschaftlichen Einsichten untermauern die Wichtigkeit einer bindungs- und beziehungsorientierten Begleitung von Kindern in ihren Familien und ebenso in pädagogischen Einrichtungen. Die Beteiligten sollten die Affektregulation des Kindes somit als gemeinsame Aufgabe einer gelingenden Erziehungspartnerschaft begreifen. Dies wirkt sich schützend auf das kindliche Gehirn aus und ist somit von fundamentaler Bedeutung für die Entwicklung des Kindes.

Impulse für Elterngespräche

▷▶▷ Dass es eine bevorzugte Bindungsperson gibt, zeigt sich im Verhalten von vielen Kleinkindern. Diese Präferenz kann sich im Rahmen der Eingewöhnung noch zusätzlich verstärken. Bis zum Kita-Start sind es nun noch einige Monate/Wochen. Vielleicht wäre es eine Überlegung wert, wie sich die Beziehung zum anderen Elternteil bis dahin noch mehr stärken kann. Dies kann den Vorteil haben, dass beide Elternteile die Eingewöhnung übernehmen können.

▷▶▷ Auch wenn ein Kind bereits daran gewöhnt ist, sich von seinen Eltern zu trennen, so ist eine gute Eingewöhnung dennoch wichtig. Die Betreuung durch die Großeltern ist in aller Regel eine Eins-zu-eins-Betreuung. Dies kann im Rahmen des Kita-Alltags nicht ermöglicht werden. In der Kita ist es lauter. Es gibt mehr Regeln. Sich in einer Gruppe mit anderen Kindern zurechtzufinden und sich eine Bezugsperson zu teilen, ist für viele Kinder eine neue Erfahrung. Damit dieser Übergang gut gelingt, investieren wir sehr bewusst in eine gute, bindungs- und beziehungsorientierte Eingewöhnung.

▷▶▷ Auch kleine Kinder sind bereits eigenständige Persönlichkeiten. Was sind seine Stärken? Was sind aktuelle Entwicklungsthemen? Wie geht es dem Kind damit, wenn sich ein Elternteil von ihm verabschiedet und der andere Elternteil die Betreuung übernimmt? Wurde das Kind bereits durch andere betreut, z.B. Großeltern?

▷▶▷ Mit welchem Elternteil fällt Erkundungsverhalten tendenziell leichter? Es kann sinnvoll sein, dass dieser Elternteil dann auch die Eingewöhnung übernimmt.

▷▶▷ Wir als pädagogische Fachkräfte versuchen, zunächst durch das gemeinsame Spielen das Interesse sowie das Vertrauen des Kindes zu gewinnen. Bei einer positiven Entwicklung werden wir das Kind später trösten und beruhigen können.

▷▶▷ Schon kleine Kinder können sehr gut differenzieren: „Diese Person passt auf mich in der Krippe auf." Mama und Papa bleiben also die Hauptbindungspersonen. Auch wenn Kinder ihre:n Bezugserzieher:in gernhaben, so ist uns Fachkräften von Anfang an bewusst, dass sich dieses geknüpfte Band irgendwann auch wieder lösen wird.

▷▶▷ Wir übernehmen eine gute Betreuung auf Zeit. Wir unterstützen die Kinder auf ihrem Weg, in ihrer Entwicklung und in ihrem Wachsen. Und irgendwann endet unser Auftrag und wir werden uns wieder voneinander verabschieden.

▷▶▷ Was die Kolleg:innen in der anderen Kita dazu bewogen hat, diese Eingewöhnung so zu gestalten, kann ich nicht beurteilen. Mir ist es aber ein großes Anliegen, dass wir diesen Prozess hier zusammen schaffen und das Kind sich hier sicher und wohl fühlt. Was würde dabei helfen, die Sorge vor einer weiteren gescheiterten Eingewöhnung etwas zu reduzieren?

▷▶▷ Alle Menschen machen Fehler, fühlen sich zeitweise durch Ereignisse oder Anforderungen unsicher oder überfordert. Es ist also völlig normal, sich manchmal so zu fühlen. Und da Eltern eben auch nur Menschen sind, gilt das ebenso für Eltern.

▷▶▷ Jede Eingewöhnung ist für alle Beteiligten ein offener Prozess. Niemand kann sagen, wie die nächsten Wochen hier sein werden. Es gibt Kinder, die von ihren Eltern als sehr selbstbewusst und robust beschrieben werden, die aber im Rahmen der Eingewöhnung urplötzlich ein sehr anklammerndes Verhalten zeigen. Es gibt Kinder, die von ihren Eltern als eher scheu und introvertiert beschrieben werden. Die dann aber zur Überraschung aller sehr gut und ohne größere Schwierigkeiten eingewöhnt werden können.

▷▶▷ Ein Kind darf bei der Verabschiedung von seinen Eltern weinen. Das ist eine normale, angemessene Reaktion auf diese Trennungssituation.

▷▶▷ Die Aufgabe einer pädagogischen Fachkraft ist es keinesfalls, gegen den Trennungsschmerz jeden Tag erneut anzukämpfen und ihn zu verhindern. Unsere Aufgabe ist es, dem Kind Verständnis entgegenzubringen: „Natürlich darfst du traurig sein, dass Papa oder Mama jetzt gegangen sind." Wir trösten die Kinder und nehmen sie in ihrem emotionalen Ausdruck ernst. Dieses verständnisvolle Begleiten stärkt die Beziehung zu uns.

▷▶▷ Wir trösten die Kinder und schaffen es, dass Traurigkeit, Wut und Aufregung sich wieder legen. Das Kind beruhigt sich also im Kontakt mit uns.

▷▶▷ Ein weinendes, sehr aufgebrachtes Kleinkind wird nicht übersehen. Es erhält Zuwendung, Trost und Beruhigung. Wenn Kinder still leiden und resigniert haben, so ist der Zugang zum Kind oft viel schwerer wieder herzustellen. Also sollten wir den Kindern doch ihre lauten, starken Gefühle lassen – um den Effekt der Resignation zu vermeiden.

Fazit

Wie die Fallbeispiele von Maja, Bruno, Claire und Felix zeigen, können Eingewöhnungen langwierig, herausfordernd und von der Ungewissheit geprägt sein, ob sich am Ende der intensiven Bemühungen ein Erfolg bilanzieren lässt. Die Investition in eine gute Beziehung zu den Eltern steht an erster Stelle der Erziehungspartnerschaft. Fühlen sich Eltern im Kontakt mit Fachkräften sicher, so reduziert dies Ängste, und die Eltern können sich wesentlich gelassener der Eingewöhnung widmen. Sobald Eltern sich erwünscht und akzeptiert fühlen, so können diese den Beziehungsaufbau zwischen Fachkraft und Kind besser begleiten und die eingewöhnende Fachkraft in den Mittelpunkt rücken. Dies wiederum ermöglicht und unterstützt den Beziehungsaufbau zwischen eingewöhnender Fachkraft und dem Kind. Wie die Fallbeispiele außerdem zeigen, können Kinder selbstverständlich zu pädagogischen Fachkräften eine tragfähige Beziehung aufnehmen.

2.2 Beziehungsbezogene Einsichten zu Herausforderungen mit Familien

Die Eingewöhnung führt im besten Fall dazu, dass ein Kind die regelmäßig stattfindende Trennung von seinen Eltern gut bewältigt, was jedoch nur gelingen kann, wenn Eltern und Kinder ausreichend Vertrauen in die Fachkräfte aufgebaut haben. Eltern können ihr Kind am besten abgeben, wenn sie überzeugt von der Herzlichkeit, aber ebenso Professionalität des pädagogischen Personals sind. Ist der Übergang in das Betreuungssystem geschafft und das Kind besucht nun regelmäßig die pädagogische Einrichtung, kann nun die eigentliche Arbeit mit Familien beginnen. So ist es eine zentrale Aufgabe der Kinder, *ihren* Platz in der Kindergruppe zu finden, und es gilt außerdem, dass sich das Vertrauen in die Fachkräfte stetig festigt.

Eine Aufgabe der Eltern wiederum ist es, ihr Familienleben und ihren Arbeitsalltag so weit aufeinander abzustimmen, dass die Systeme – pädagogische Einrichtung, Elternhaus sowie Arbeitsstätte – gut miteinander interagieren können. Eine beständige Disharmonie führt in aller Regel auch zu einer emotionalen Verunsicherung der Kinder, da sich die Eltern inkonsistent verhalten oder aber – gestresst durch die täglichen Anforderungen – kaum mehr Ressourcen für ihre Kinder aufbringen können. Zugleich lassen Kinder ihre aktuellen Entwicklungsthemen natürlich nicht zu Hause bei ihren Eltern, sondern diese zeigen sich in den Affekten sowie im Verhalten des Kindes.

Wie Herausforderungen dabei bindungsbezogen und stärkend – gemeinsam mit Eltern und Kindern – gemeistert werden können, wird in diesem Kapitel anhand verschiedener Fallbeispiele zu unterschiedlichen Themenbereichen besprochen.

YOSHIKO – DAS WICKELN IST EINE BINDUNGSRELEVANTE SITUATION

Hier geht es um die folgenden Themen:

- Eingewöhnung durch ein Großelternteil, in diesem Fall die Oma
- Kennzeichen eines aktivierten Bindungssystems
- Wickeln und Körperpflege
- Wenn die Bezugsfachkraft kindliche Ablehnung erlebt

Yoshiko (14 Monate) besucht seit sechs Wochen die Kita. Die Eingewöhnung wurde von der Großmutter übernommen, die ihr Enkelkind seit dem Säuglingsalter kennt.

Yoshiko findet sich bereits gut in der Kita – einer kleinen Eltern-Initiative – zurecht. Sie spielt gerne mit ihrer Bezugserzieherin Katharina und kann rasch von ihr getröstet sowie beruhigt werden. Yoshiko wird nach dem Mittagessen von ihrer aktiven Oma abgeholt, die sich gerne um ihr Enkelkind kümmert. Die Eingewöhnung scheint abgeschlossen zu sein – einzig für die Wickelsituation konnte bislang noch keine Lösung gefunden werden. Yoshiko möchte nämlich auf gar keinen Fall in der Kita gewickelt werden. Es scheint – so können Katharina und die Großmutter dies in Gesprächen gemeinsam reflektieren – nichts mit Katharina persönlich zu tun haben, sondern vielmehr mit dem Ort „Kindertagesstätte". Auch in Bezug auf das Essen und Trinken fällt auf, dass Yoshiko wenig konsumiert. Dies wiederum hat natürlich den Vorteil, dass das Wickeln mehr oder weniger umgangen werden kann.

Dass Kinder sich in der Ankommenszeit in diesen Bereichen oftmals zögerlich verhalten oder das Wickeln ablehnen, hat Katharina im Lauf ihrer Arbeitsjahre schon häufig erlebt. Im Gespräch mit Großmutter und Eltern thematisiert sie, dass dies immer ein Zeichen für ein weiterhin aktiviertes Bindungssystem sei. Eine innere Anspannung überträgt sich häufig auf das Ess-, Trink- und Ausscheidungsverhalten. Sehr entscheidend sei nun, dass Yoshiko nicht zusätzlichen Druck erlebe, dies würde die Anspannung ungünstig erhöhen. Man einigt sich darauf, die Situation weiterhin zu beobachten. Yoshiko wird in der Kita nicht gewickelt und mit diesem Thema vollständig in Ruhe gelassen. Die Windeln bleiben weiterhin überwiegend trocken. In den Nachmittags- sowie Abendstunden holt Yoshiko dann nach, was sie am Vormittag zurückgehalten hat. Sie isst und trinkt sehr gut, produziert dann auch ausreichend nasse Windeln. Auch in Bezug auf die Gewichtsentwicklung gibt es keine Auffälligkeiten. Nach weiteren zwei Wochen scheint sich Yoshiko deutlich sicherer in der Kita zu fühlen. Sie verändert ihr Ess- und Trinkverhalten, was nun dazu führt, dass das Wickeln notwendig wird. Ein vorsichtiger Versuch von Katharina, das Kind zu wickeln, führt jedoch zu intensivem Weinen bei Yoshiko. Die Erzieherin insistiert nicht auf das Wickeln, sondern ruft die Großmutter an, die sich sofort auf den Weg macht.

Dank der engagierten Oma wird die Situation in den kommenden Tagen wie folgt gestaltet: Katharina steht neben der Großmutter, assistiert und unterhält sich mit ihr. Der gute Kontakt zwischen den erwachsenen Personen, deren vertrauensvoller Umgang miteinander, wirkt sich rasch auf die Wickelsituation aus. Zunächst darf Katharina die Klebestreifen der Windel – im Beisein der Oma – öffnen und wieder schließen. Bald kann sie Yoshiko vollständig alleine wickeln, zunächst noch in Anwesenheit der Oma, und schließlich ist diese nicht mehr notwendig.

Impulse für Elterngespräche

- Das Wickeln ist eine bindungsrelevante Situation. Es setzt Vertrauen voraus und darf nur von vertrauten Bindungs- und Bezugspersonen übernommen werden.

- Ein kleines Kind kann sich nicht alleine reinigen und pflegen. Sich hinzulegen, sich von seinen Ausscheidungen säubern zu lassen, versetzt das Kind ist eine sehr hilflose, abhängige Lage. Man muss sich hier nur einmal selbst in die Lage des Kindes aktiv hineinversetzen.

- Auch das Wickeln in der Kita sollte stets von vertrauten Bezugspersonen übernommen werden. Dass der eigene Körper nicht ungefragt von Fremden berührt werden darf, sollte sich frühzeitig in die psychische Struktur des Kindes einprägen.

- Eine Eingewöhnung kann als abgeschlossen betrachtet werden, wenn das Kind mindestens zu einer pädagogischen Fachkraft eine sichere Beziehung aufgenommen hat. Jene kann das Kind rasch beruhigen. Das Kind findet in deren Anwesenheit in einen guten, erholsamen Schlaf. Das Kind isst und trinkt ausreichend, um genug Energie für die Kita-Zeit aufzubringen. Das Kind produziert nasse Windeln.

▷▶▷ Kinder sind mitten in ihrer Entwicklung. Manchmal geht es schneller und manches braucht länger. Darauf sind wir als Team eingestimmt, und so nehmen wir hier die Kinder an: Mit ihrer Persönlichkeit. Mit ihren Stärken und ebenso mit ihren Entwicklungsthemen.

FELICIA – WENN KINDER EINE ZWEITE EINGEWÖHNUNGSZEIT BRAUCHEN

Hier geht es um die folgenden Themen:

- Multiple Betreuungssysteme, in diesem Fall Nanny und Krippe
- Wenn Eltern beruflich sehr engagiert sind
- Kindlicher Trennungsschmerz
- Notwendigkeit einer erneuten Eingewöhnungszeit und positive Effekte

Felicia (16 Monate) ist das zweitgeborene Kind ihrer Eltern. Laut Beschreibung der Eltern ist ihre Tochter selbstbewusst, willensstark und schon sehr selbstständig. Die Eltern, beruflich stark involviert, haben eine Nanny namens Michaela engagiert, die täglich bei der Betreuung der Kinder mithilft. Michaela kennt Felicia seit Geburt an.

Die Eltern wünschen sich eine rasche Eingewöhnung und gehen davon aus, dass Felicia gerne in die Kita gehen wird. Sie neige überhaupt nicht zu Trennungsängsten, sei stattdessen sehr an anderen Kindern und Menschen interessiert. Die Eingewöhnung findet nach dem Berliner Modell statt und wird vom Vater übernommen. Zunächst scheint alles nach Plan zu laufen. Nach rund drei Wochen ist die Eingewöhnung abgeschlossen. Das Kind hat eine gute Beziehung zu Martha, der Bezugserzieherin, aufgenommen. Felicia exploriert bereits sehr selbstständig, sucht aber ebenso regelmäßig Marthas Nähe auf, ohne dabei jedoch anklammernd oder ängstlich zu wirken.

Nach weiteren drei Wochen verändert sich die Situation. Felicia wird an diesem Morgen von der Mutter gebracht. Bereits im Garderobenraum fängt sie an zu weinen, umklammert beinahe panisch ihre Mutter. Die Mutter, sehr überrascht über diesen plötzlichen Gefühlsausbruch, wirkt verunsichert. Sie berichtet von einer mehrtägigen Dienstreise. Sie sei erst gestern wiedergekommen, aber Felicia habe während der mütterlichen Abwesenheit fröhlich und entspannt gewirkt. Schließlich gelingt es Martha mit viel Geduld und gutem Zureden, dass Felicia zu ihr auf den Arm kommt. Sie ist für den Rest des Tages sehr anhänglich und weinerlich.

Sichtlich angespannt betritt die Mutter am nächsten Morgen die Kita. Sie trägt ihre laut weinende Tochter auf dem Arm. Heute sei es mehr oder weniger nur unter Anwendung von körperlicher Überlegenheit möglich gewesen, Felicia hierherzubringen. Sie habe sich zu Hause mit Händen und Füßen gewehrt und völlig außer sich geschrien „Kita, nein. Ela“. Felicia klammert sich wie eine Ertrinkende an ihre Mutter, bis sich diese ebenfalls weinend losreißt und zur Türe eilt – ohne Verabschiedung. An diesem Tag ist das Kind sehr still. Es bleibt beständig in Marthas Nähe. Um die Mittagszeit bekommt sie hohes Fieber und wird von ihrer „Ela“ abgeholt. Felica entwickelt einen heftigen Infekt und kann erst nach zwei Wochen wieder in die Kita gehen. Das Bringen soll nun der Vater übernehmen – dies wurde so mit den Eltern besprochen. Die Eltern finden Marthas Vorschlag sehr gut und die Mutter ist erleichtert, vorerst befreit von der morgendlichen Übergabe zu sein. Die Hoffnung Marthas, dass sich der Abschied vom Vater möglicherweise leichter gestaltet, bestätigt sich jedoch nicht. Im Gegenteil – nach der Pause zeigt Felicia einen derart intensiven Trennungsschmerz, dass der Vater sich spontan dazu entschließt, seine Tochter nicht in dieser Verfassung in der Krippe zurückzulassen.

Zeitnah findet mit den Eltern ein Gespräch statt, wie Felicias Verhalten zu deuten sei. Den Eltern ist es wichtig, dass ihr Kind weiterhin die Krippe besucht. Aber ebenso ist es ihnen wichtig, dass es ihrem Kind gut dabei geht. Die plötzliche Wesensveränderung Felicias besorgt beide Eltern.

Martha geht zunächst auf die Eingewöhnung ein: „Felicia hat sich hier rasch und problemlos eingefunden. Aktuell hat sich die Situation verändert. Wir haben das schon oft erlebt: Insbesondere bei Kindern, die die ersten Wochen gut meistern, kann sich plötzlich ein völliger Einbruch in Form von gesteigerter Anhänglichkeit zeigen. Felicia zeigt intensive Trennungsängste. Wir sollten das nicht übergehen. Vielmehr ist es wichtig, dass wir in diesem Gespräch eine mögliche Lösung finden, wie Felicia wieder Freude an der Kita entwickeln kann." Auf diesen Ansatzpunkt können sich beide Eltern sehr gut einlassen. Da Felicia zu ihrer Nanny eine gute, vertrauensvolle Beziehung hat, die Eltern zudem keine zeitlichen Ressourcen dafür haben, ihr Kind weiterhin beim Ankommen in der Kita zu unterstützen, wird eine neue Eingewöhnung mit der Nanny Michaela geplant.

In den folgenden drei Wochen bringt Michaela das Kind zur Kita. Die Situation entspannt sich für alle Beteiligten sofort merklich. Mit sehr viel Ruhe, ohne zeitlichen Druck, findet das Ankommen in der Garderobe statt. Felicia wirkt wie ausgewechselt. Sie möchte Michaela verschiedene Dinge zeigen. Sie beginnt wieder zu explorieren und kann sich auch wieder gut auf den Kontakt mit Martha einlassen. In dieser Zeit finden keinerlei Trennungsversuche statt. In der vierten Woche verabschiedet sich Michaela täglich beim Spielen im Garten und Felicia winkt ihr fröhlich nach. Michaela kommt zuverlässig nach 30 Minuten zurück. In der fünften Woche verabschiedet sich Michaela bereits im Gruppenraum und die Trennungszeit kann täglich ein wenig gesteigert werden. In der sechsten Woche kann sich das Kind gut von Michaela im Garderobenraum lösen und winkt ihr zufrieden auf dem Arm Marthas nach. Nach Absprache mit dem Kita-Team und den Eltern wird Michaela auch zukünftig das Bringen und Abholen von der Kita übernehmen.

Kann Trennung geübt werden?

In einer Studie wurde der Frage nachgegangen, ob das Bindungssystem von „trennungserfahrenen“ Kleinkindern im Rahmen der *Fremden Situation* eine geringere Aktivierung aufweise. Man verglich Kleinkinder, die bereits an die außerfamiliäre Betreuung gewöhnt waren, mit Kindern, die bislang von ihren Müttern betreut wurden. Zwischen den Gruppen konnten keine signifikanten Unterschiede festgestellt werden. Die Annahme, dass Krippenkinder weniger Trennungsleid im Rahmen der *Fremden Situation* ausdrücken, bestätigte sich somit nicht. Entscheidend für die kindliche Reaktion während Trennung sowie Wiedervereinigung war die aufgenommene Bindungsqualität zur Mutter (Ahnert 2020). Bei beiden Gruppen bildete sich gleichermaßen Bindungsverhalten ab, sodass die *Fremde Situation* ein robustes Testverfahren ist, um Bindung zu messen.

Dieses Ergebnis unterstreicht die Bedeutsamkeit guter Eingewöhnungsprozesse. Eine fremde, noch wenig vertraute Umgebung aktiviert bei Kleinkindern grundsätzlich ihr Bindungssystem, sodass die verlässliche Anwesenheit der sicheren Basis für jene Altersgruppe sehr bedeutsam ist.

Impulse für Elterngespräche

▷▶▷ Eine Eingewöhnung kann sich rasch und problemlos gestalten. Ebenso kann es nach wenigen Tagen oder auch Wochen zu einem sogenannten „Einbruch" kommen. Das Kind verhält sich nun völlig anders. Es ist anhänglich und weinerlich. Manche Kinder entwickeln mittlere oder sogar starke Trennungsängste. Wenn sich dieses Verhalten zeigt, so gilt es, rasch nach einer guten Lösung zu suchen.

▷▶▷ Wenn ein bereits eingewöhntes Kind sich plötzlich sehr anhänglich gegenüber den Eltern verhält, so versucht es auf diese Weise auszudrücken: „Das ging mir zu schnell. Ich brauche noch mehr Zeit, um hier gut anzukommen." Oder auch: „Vor lauter Freude am Entdecken habe ich mich selbst überfordert. Nun wird mir alles zu viel. Bitte seid verständnisvoll mit mir."

▷▶▷ Natürlich gibt es die sogenannte Eingewöhnung. Kinder brauchen aber sehr viel länger, um wirklich in der Krippe oder im Kindergarten anzukommen. Auch wir Erwachsenen kennen Ankommensprozesse. Nehmen wir eine neue Arbeitsstelle an, so sind wir nach ein paar Wochen vielleicht gut eingearbeitet. Sicher und vertraut im Kontakt mit den anderen Menschen sind wir vielleicht nach einigen Wochen, ja, vielleicht sogar erst nach Monaten. Warum sollte dieser Prozess bei Kindern anders sein?

▷▶▷ Wenn Kinder sich von den Eltern nicht gut verabschieden können und im weiteren Tagesverlauf nicht auftauen, ängstlich oder weinerlich wirken, so ist dies ein Ausdruck für eine emotionale Überforderung. Es ist dann wichtig, den Eingewöhnungsprozess zu reflektieren und möglicherweise sogar noch einmal eine neue Eingewöhnung zu beginnen.

▷▶▷ Natürlich darf es im Rahmen einer Eingewöhnung auch Wechsel geben. Manchmal zeigt sich, dass ein Kind eine andere Fachkraft viel deutlicher bevorzugt als die ihm zugedachte Fachkraft. Dann gilt es flexibel darauf zu reagieren. Ebenso ist es möglich, dass ein Elternteil mit der Eingewöhnung beginnt, sich dann aber abzeichnet, dass ein Wechsel gut wäre. Die Eingewöhnung sollte immer von einer vertrauten Bezugsperson übernommen werden, die im Idealfall ausreichend zeitliche Ressourcen zur Verfügung hat.

▷▶▷ Natürlich ist es sehr nachvollziehbar, dass sich Eltern eine rasche Eingewöhnung wünschen. Zugleich ist der erste Übergang sehr bedeutsam für die weitere Kita- und Kindergartenzeit. Die Eltern sollten die Erfahrung sammeln, dass sich ihr Kind gut lösen kann und das Kind wiederum sollte sich sicher, kompetent und selbstwirksam fühlen. Dann können auch spätere Übergänge, wie z.B. in die Schule, in aller Regel gut bewältigt werden.

▷▶▷ Wenn Kinder bereits regelmäßig von anderen Personen betreut werden, so kann dies hilfreich im Rahmen der Eingewöhnung sein. Das Kind hat schon häufiger erlebt, dass sich Eltern verabschieden und ebenso verlässlich wiederkommen. Dennoch ist jede Eingewöhnung ein sehr individueller Prozess. Krippe und Kindergarten sind völlig neue Lebenswelten. Hier halten sich viele unbekannte Menschen auf. Dies aktiviert das kindliche Bindungssystem, und aufgrund dieser Tatsache gibt es Eingewöhnungsmodelle.

AARON – WENN BINDUNG NACHGEHOLT WIRD

Hier geht es um die folgenden Themen:

- Kinder, die wenig Bindungsverhalten zeigen
- Rastloses Spielverhalten
- Nachfolgeverhalten im Kindesalter
- Trost und Sicherheit als kindliche Grundbedürfnisse
- Psychische Belastungsepisoden bei Eltern, in diesem Fall Depression

Der inzwischen zweijährige Aaron wurde im Alter von zehn Monaten in der Kinderkrippe eingewöhnt. Die Eingewöhnung, vom Vater übernommen, verlief einfach und rasch. Aaron, inzwischen überdurchschnittlich groß für sein Alter, wirkt sehr selbstständig. Während seiner bisherigen Kita-Laufbahn musste Aaron häufig mit neuen pädagogischen Fachkräften zurechtkommen, da es zu Kündigungen oder längeren Ausfällen des Personals gekommen ist. Aaron akzeptiert rasch neue Betreuungspersonen, scheint jedoch auch keine spezielle Präferenz gegenüber einer bestimmten Person im Kita-Team auszubilden. So kann er von allen im Team getröstet werden, aber insgesamt ergeben sich auch kaum Situationen, wo dies notwendig erscheint.

Aaron ist aus Sicht der Eltern von Anfang an „ein pflegeleichtes Kind" gewesen. Was die Eltern jedoch zunehmend beschäftigt und sich auch im Krippenalltag immer deutlicher zeigt, ist eine gewisse Rastlosigkeit im kindlichen Verhalten. So sucht Aaron zwar den Kontakt mit anderen Kindern und gesellt sich zu ihnen, aber es findet keine wirkliche Begegnung statt. Aaron wirkt unbeteiligt, manchmal beinahe freudlos, wenn er auf andere Menschen trifft. Auch im Kontakt mit dem Kita-Personal zeigt sich dieses Verhalten. Sobald sich ein gemeinsames Spiel oder ein Gespräch entwickeln könnte, verlässt Aaron von sich aus die Situation und zieht weiter. Ferner ist es für Aaron nicht möglich, in eine vertiefte, konzentrierte Spielsituation zu finden. So nimmt er sich Spielsachen, wirft einen kurzen Blick darauf, scheint dann jedoch in Ratlosigkeit zu verfallen, was damit anzufangen sei. Er lässt das Spielzeug fallen, widmet sich dem nächsten Objekt, das erneut auf Desinteresse zu stoßen scheint, und ist bereits beim nächsten Gegenstand. Aaron ist also ständig überall und dennoch nicht greifbar. Im Rahmen einer Supervision spricht das Team über Aarons Entwicklung und sein derzeitiges Verhalten. Dieses führt zu einer ständigen Unruhe in der Gruppe, und es entwickelte sich der Wunsch, Aaron besser zu verstehen.

Wie entwickelt sich das kindliche Spielverhalten?

Zweijährige Kinder spielen in aller Regel noch wenig konsistent miteinander, sodass häufige Unterbrechungen zu beobachten sind. Es gibt jedoch Sequenzen, in denen das Spiel eindeutig aufeinander bezogen ist. Man tauscht Spielzeuge oder rollt einen Ball hin und her. Ausgeprägtes Beobachtungsverhalten findet häufig statt. Dies führt dazu, dass Kinder sich im Spiel, in ihren Tätigkeiten aufeinander beziehen, was als Parallelspiel bezeichnet wird. Schon kleine Kinder profitieren voneinander. Sie bieten sich gegenseitig Lern- und Entwicklungsanreize, die Erwachsene in dieser Form nicht anbieten können. Im Zusammensein mit den Peers verbirgt sich bereits in den jungen Jahren ein bedeutsames Bildungs- und Lernpotenzial.

Im Lauf der weiteren Entwicklung verändert sich das kindliche Spielverhalten hin zu einem kooperativen Spielstil, der wechselseitig aufeinander bezogen und abgestimmt ist. Diese Ausdrucksform des kindlichen Spiels zeigt sich erst ab ungefähr drei Jahren (Höhl & Weigelt 2015).

Erzieher Jens, lustig sowie aktivierend in seinem Spielverhalten, kümmert sich in den nächsten Wochen mehr um Aaron – dies ist ein Ergebnis der Supervision. Er spielt mit Aaron auf eine aktivierende, humorvolle Art. Dies verändert die Situation. Aaron beginnt Jens immer mehr nachzufolgen und fordert ihn immer häufiger als gewünschten

Spielpartner ein. Dies führt zu einer ruhigeren Gruppenatmosphäre, da Aaron weniger getrieben durch den Raum rennt. Ein kleiner Sturz Aarons von der Sprossenwand beim Turnen – auf eine weiche Matratze – verändert alles. Es ist für das gesamte Team ein emotionaler Moment, als sich Aaron nach diesem keinesfalls dramatischen Sturz auf herzzerreißende Art in die Arme von Jens wirft und mit einer Intensität weint, die für Aaron völlig untypisch ist. Aaron wird so lange von Jens getröstet, bis es aus Sicht von Aaron „wieder gut“ ist und er sich selbstbestimmt wieder lösen kann.

Nach diesem Ereignis zeigt Aaron nun häufiger ruhigere Spielepisoden mit anderen Kindern und er findet auch mehr allein in eine vertiefte, kurze Spielsituation. Den Eltern ist Aarons „Verwandlung“ nicht verborgen geblieben, wie sich im Entwicklungsgespräch, von Jens geführt, abzeichnet. Die Eltern sind verwundert darüber, dass sich Aaron ihnen gegenüber plötzlich etwas anhänglicher verhält, drücken zugleich Freude und Erleichterung darüber aus, dass ihr Kind ruhiger und entspannter wirkt. Unter Tränen berichtet die Mutter schließlich davon, dass sie wenige Wochen nach der Geburt von Aaron eine heftige Depression entwickelt habe. Es gehe ihr nun – dank einer gut eingestellten Medikation sowie von Psychotherapie – deutlich besser. Die Schuldgefühle, damals nicht ausreichend für ihr Baby dagewesen zu sein, verfolgen sie bis heute. Der Vater wiederum berichtet von eigener Überforderung und Hilflosigkeit, was aus seiner Sicht sicherlich dazu beigetragen hat, Aarons selbstständige Entwicklung voranzutreiben. Dass Aaron nun plötzlich mehr Beziehungszeit einfordert, wird in dem gemeinsamen Gespräch als positiver Entwicklungsschritt von allen Seiten bestätigt. Die Mutter, davon sichtlich berührt, erkennt für sich eine Chance, die überschattete Babyzeit in gewisser Weise nachzuholen. Dies wird als wichtiges Ergebnis des gemeinsamen Gesprächs betrachtet.

Aaron, zwar kein Säugling mehr, aber immer noch klein, fordert die emotionale Präsenz seiner Eltern in der nächsten Zeit jedoch deutlich ein. Es kommt verstärkt zu emotionalen Abschieden am Morgen, wo sich Aaron kaum von einem Elternteil lösen kann. Jens und eine weitere Kollegin können die Familie während dieses Übergangs jedoch sehr gut begleiten. Aaron gelingt es nun immer häufiger, freudig an Gruppenaktivitäten teilzunehmen und er spielt nun erstmals gerne mit Spielsachen. Nach weiteren acht Monaten hat sich Aaron sehr gut entwickelt und ist ein beliebter Spielpartner geworden. Der Übergang in den Kindergarten gelingt sehr gut und die Eltern danken dem gesamten Team für die gute und wertvolle Zeit in der Kinderkrippe.

Ungefähr jede zehnte Wöchnerin entwickelt eine postpartale Depression. Ein verminderter Antrieb und eine erhöhte Reizbarkeit sind Leitsymptome. Ebenso können sich Selbstzweifel sowie Ängste zeigen. Die hormonelle Umstellung wird als auslösender Faktor betrachtet sowie Mutterschaft per se als krisenhaftes Lebensereignis, was mit einer erhöhten Verletzlichkeit einhergeht. Säuglinge und Kleinkinder von depressiven Müttern reagieren daraufhin mit Rückzug, zeigen weniger positive Affekte im Kontakt mit der Mutter und vermeiden zudem die Aufnahme von Blickkontakt mit dieser (Reck 2007).

Impulse für Elterngespräche

▷▶▷ Auch ein selbstständiges Kind kann plötzlich sehr anhänglich sein und intensive Gefühle zeigen. Man kann dies als positive Entwicklung begreifen: Ein Kind erweitert sein Gefühlsspektrum und traut sich, neue Verhaltensweisen zu zeigen.

▷▶▷ Manche Kinder wirken schon sehr selbstständig und robust. Irgendwann wird das dauerhaft erwartet und es entsteht Sorge oder Irritation, wenn das Kind dieses Verhalten weniger oder vielleicht gar nicht zeigen kann. Für Kinder ist es dann eine wichtige Erfahrung, ernst genommen zu werden und Unterstützung zu erhalten.

▷▶▷ Kinder suchen die Nähe ihrer Eltern, ihrer Bindungspersonen auf, wenn sie Angst haben, sich überfordert fühlen, wenn sie sich weh tun, Schmerzen haben oder mit einem Problem nicht alleine weiterkommen.

▷▶▷ Kinder befinden sich mitten in ihrer Entwicklung. Diese Entwicklung ist mit vielen kleinen und auch größeren Anstrengungen verbunden. Dabei darf es auch Rückschritte geben. Meist ist dies ein Zeichen dafür, dass das Kind seiner Entwicklung vorauseilend war und nun in eine gewisse Überforderung geraten ist. Also ist es wichtig, dass die Erwachsenen dem Kind vermitteln: „Es ist völlig in Ordnung, wenn man wieder ein paar Schritte zurückgeht.“ Diese Einstellung unterstützt Kinder maßgeblich in ihrer Entwicklung. Sie ist von Vertrauen und Verständnis geprägt.

- Wenn Kinder plötzlich Bindungsverhalten zeigen, dann gibt es aus Perspektive des Kindes immer einen gewichtigen Grund dafür.

- Manchmal ist der gemeinsame Start von Eltern und ihren Kindern sehr schwierig. Viele Eltern sind dann traurig und befürchten, sie hätten sich damals nicht genügend angestrengt. Zum damaligen Zeitpunkt war es jedoch nicht möglich, sich anders zu verhalten oder die Situation sofort zum Positiven hin zu verändern. Die Beziehung zu seinem Kind kann man ein Leben lang gestalten, und daran sollten Eltern immer festhalten.

- Eltern machen Fehler. Eltern wollen einen guten Job machen. Das ist ein Widerspruch, den alle Eltern aushalten müssen. Daran nicht zu zerbrechen, sondern sich jeden Tag erneut vorzunehmen, „es so gut wie eben möglich zu machen", ist ein pragmatischer, hilfreicher Ansatz.

ALEA – ERZIEHUNG ZUR AUTONOMIE

Hier geht es um die folgenden Themen:

- Kennzeichen einer sicheren Fachkraft-Kind-Beziehung
- Wenn Eltern beruflich sehr engagiert sind
- Sorge vor Rivalität aus Sicht der Eltern
- Meinungsverschiedenheiten zwischen Eltern und Fachkräften
- Zusammenspiel von Bindungs- und Explorationsverhalten

Alea (20 Monate) besucht seit ihrem elften Lebensmonat eine Kindertagesstätte. Die Eingewöhnung verlief rasch und unproblematisch. Beide Elternteile sind beruflich sehr involviert. Alea wird um acht Uhr gebracht und frühestens um 16 Uhr abgeholt. In bindungsrelevanten Situationen akzeptiert Alea jede Fachkraft, aber sie hat dennoch eine sichtbare Präferenz gegenüber Lea entwickelt. Seit rund einem Monat verhält sie sich gegenüber ihrer Lieblingserzieherin immer anhänglicher. Sie möchte von ihr getragen werden und sucht häufig ihre Nähe auf. Wendet sich Lea anderen Kindern zu, so kann Alea plötzlich intensiv zu weinen beginnen oder aber sie versucht, das andere Kind durch Schubsen von Lea fernzuhalten. Alea lässt sich jedoch stets rasch von Lea beruhigen.

Auch heute gehört Alea zu den letzten Kindern, die abgeholt werden. Sie hat schon seit Tagen eine leichte Erkältung und am Nachmittag erhöhte Temperatur entwickelt. Die Eltern, informiert über den Gesundheitszustand, können eine frühere Abholzeit nicht ermöglichen. Alea liegt müde und erschöpft in Leas Arm, die ihr vorliest und dabei über den Kopf streicht. Die Mutter betritt abgehetzt den Gruppenraum. Sie entschuldigt sich bei Lea für ihre spätes Eintreffen. Als Lea das Kind an seine Mutter übergeben möchte, beginnt Alea heftig zu weinen und schlingt die Arme um die Erzieherin. Sie weint immer heftiger, klammert sich an und kann der Mutter nur aufgrund von körperlicher Überlegenheit übergeben werden. Zwischen den Frauen entsteht eine angespannte Stimmung. Grußlos verlässt die Mutter mit ihrem Kind die Kita, das verzweifelt die Arme nach Lea ausstreckt. Diese Situation hat Lea sehr verunsichert, sodass sie sich an ihre Leitung wendet.

Man trifft gemeinsam die Entscheidung, zeitnah ein Elterngespräch zu führen. In diesem Gespräch, das Lea und die Leitung zusammen führen, können auf beiden Seiten wichtige Themen geklärt werden. Natürlich fällt den Eltern schon länger auf, wie wichtig Lea für ihre Tochter geworden ist. Inzwischen kommt es regelmäßig vor, dass Alea sich nur unwillig von Lea löst, wenn sie von den Eltern abgeholt wird. Die Eltern kommunizieren hier sehr offen ihre Ambivalenz. So sind sie einerseits froh, dass ihre Tochter in Lea eine zuverlässige, engagierte Erzieherin gefunden hat und somit auch gerne in die Kita geht. Andererseits sorgt es sie, dass Alea in der Kita zu sehr verwöhnt werde – Erziehung zu Selbstständigkeit ist für beide Elternteile sehr bedeutsam.

Erziehungsstile
Die Beziehung zwischen Eltern und ihren Kindern wird maßgeblich von Verhalten der Eltern sowie deren Einstellung geprägt. Der Erziehungsstil nimmt somit Einfluss auf das emotionale Klima (Siegler et al. 2016).

Beide Eltern berichten über ihre eigene Sozialisation, die von Pflichten, Regeln sowie Anforderungen geprägt war. Diese Erziehung habe ihnen jedoch nicht geschadet, sondern ganz wesentlich zu ihrem beruflichen Erfolg beigetragen. Lea und die Leitung würdigen diese Erfolge. Sie informieren die Eltern über Aleas selbstständiges Verhalten in vielen Situationen und betonen, wie gut das Kind bereits im Kita-Alltag zurechtkommt. Diese Informationen beruhigen die Eltern sichtlich. Es folgt außerdem ein kurzer Impuls zu kindlichem Verhalten und welche Auswirkungen eine gute Bindung und Beziehung an die Eltern, an die pädagogische Fachkraft auf die kognitiv-soziale Entwicklung hat. Beide Eltern hören interessiert und aufmerksam zu. Dass man kleine Kinder überhaupt nicht verwöhnen könne und ein einfühlsames Eingehen auf kindliche Gefühle die Autonomieentwicklung sogar positiv beeinflusse, finden beide Eltern sehr erstaunlich.

„Kinder werden selbstständig, wenn sie eine Sicherheitsbasis haben. Das sind zu Hause die Eltern und in der Krippe sind wir das. Wenn die Kinder Bindungsverhalten zeigen, dann trösten wir die Kinder. Oft reicht es, wenn man die Kinder kurz in den Arm nimmt und tröstet. Auf diese Weise wird das Bindungshormon Oxytocin frei, was das kindliche Stresssystem beruhigt. Dies wiederum wirkt sich positiv auf die Bereitschaft aus, alleine sowie frei zu spielen. Dies ist wissenschaftlich nachgewiesen. Basierend auf diesem pädagogischen Konzept arbeiten wir hier“, erzählt die Leitung. Die Eltern zeigen ehrliches Interesse an diesen Ausführungen und stellen noch ein paar Fragen dazu. Dann müssen sie zeitnah aufbrechen. Es war ein kurzes, intensives Gespräch, das zu positiven Effekten führt. Wenn Alea sich schwer von Lea lösen kann, so räumen die Eltern dem Kind nun mehr Zeit ein und versuchen, den Übergang einfühlsamer zu gestalten. Sie nehmen Alea beispielsweise auf den Arm und bieten Nähe von sich aus an, anstatt das Kind wie früher dazu aufzufordern, alleine zu laufen. Sie haben außerdem eine einfühlsame Babysitterin gefunden, die Alea bei Krankheit zu Hause betreuen kann. Aleas Eltern haben sich somit ein gutes Netzwerk geschaffen, das es ihnen ermöglicht, ihrer Berufstätigkeit nachzugehen. Ihr Kind hat zu den Menschen in diesem System jeweils gute Beziehungen aufgenommen.

Können Kinder zu Fachkräften überhaupt eine Bindung aufnehmen?

Kinder nehmen zu ihren Bezugspersonen unterschiedliche Beziehungen auf. So kann ein Kind sicher an ein Elternteil gebunden sein, während sich die Bindungsqualität zum anderen Elternteil als unsicher zeigt. Die Vielfalt von Bindungsstilen schlägt sich auch in der Kind-Fachkraft-Beziehung nieder. Entscheidend sind an dieser Stelle feinfühliges Verhalten sowie zeitliche Ressourcen von Fachkräften (Ahnert 2020, Brisch 2022). Ist eine pädagogische Fachkraft oder sind Tageseltern engagiert, gestalten diese den Bindungsaufbau zu einem Kind einfühlsam sowie zuverlässig, so kann sich hier eine sichere Beziehung etablieren. Die kann wiederum positiven Einfluss auf die sozio-emotionale Entwicklung nehmen und hilft den Kindern dabei, sich angstfrei in der Betreuung zu bewegen.

Impulse für Elterngespräche

▷▶▷ Eltern und Kinder profitieren von einem guten Netzwerk. Eltern können dann gut ihrer Berufstätigkeit nachgehen, und die Kinder erhalten unterschiedliche Entwicklungsimpulse. Dies fördert Flexibilität im Denken und Handeln.

▷▶▷ Wenn Kinder krank sind, so ist das fast immer eine herausfordernde Situation für berufstätige Eltern. Wir können uns hier gut um gesunde Kinder kümmern. Eine Person, die das Kind zuverlässig zu Hause im Fall von Krankheit betreuen kann, ist somit sehr wichtig. Da kleine Kinder häufig krank sind, lohnt sich die Suche danach.

▷▶▷ Kinder tragen zwei innere Systeme in sich, die ihr Verhalten steuern. Sie zeigen Bindungsverhalten – bei Kummer, Schmerzen, Angst und Irritation. Spiel- und Erkundungsverhalten wiederum zeigen sie, wenn sie sich beruhigt und sicher fühlen. Aufgrund dieser wissenschaftlich nachgewiesenen Tatsache lassen wir die Kinder nicht lange weinen. Wir trösten sie rasch und sprechen mit ihnen kurz über ihr Gefühl. Dies hat den positiven Effekt, dass sich die Kinder rasch wieder erholen und zu spielen beginnen.

▷▶▷ Kinder, die gute Beziehungserfahrungen machen, die von ihren Eltern ernst genommen und unterstützt werden, haben eine gute Selbstständigkeitsentwicklung.

- Das kindliche Gehirn wird bestenfalls vor unnötigen Stresserfahrungen geschützt. Dies macht Kinder widerstandsfähig.

- Körperkontakt zwischen Eltern und Kindern, wie beispielsweise beim Vorlesen, erhöht die kindliche Lernbereitschaft.

- Kleine Kinder reagieren in vielen Situationen emotionsgeladen. Eine rationale, ruhige Bewertung von Situationen wird häufig erst im Vorschul- sowie Grundschulalter möglich, wenn sich Reifungsprozesse im kindlichen Gehirn vollzogen haben.

CHARLIE – DAS GANZE IST MEHR ALS DIE SUMME SEINER TEILE

Hier geht es um die folgenden Themen:

- Multiple Betreuungssysteme, in diesem Fall Kita, Eltern und Großeltern
- Nachfolgeverhalten im Kindesalter
- Gestaltung von Übergängen, in diesem Fall das Abholen

Charlie (14 Monate) wurde kurz vor dem elften Lebensmonat in der Kita eingewöhnt. Ihrem Bezugserzieher Benno folgte Charlie, die zu diesem Zeitpunkt schon sicher laufen konnte, alsbald auf Schritt und Tritt. Für Benno ist das Nachfolgeverhalten ein sichtbares Zeichen dafür, dass er als Erzieher zu einer sicheren Basis für Charlie geworden ist. Charlie lässt sich gut von ihm trösten, spielt gerne mit ihm und findet rasch in einen guten, erholsamen Mittagsschlaf. Natürlich ist es an manchen Tagen für Benno durchaus langwieriger und komplizierter, mit Charlie „im Schlepptau" seiner Tätigkeit nachzugehen. Aber allein zuzulassen, dass Charlie ihm folgt und ihn beobachtet, scheint eine substanziell beruhigende Wirkung auf das Kind zu haben. Charlie ist zufrieden, wenn sie in Bennos Nähe ist und will im Vergleich zu anderen Kindern deutlich weniger getragen werden.

Seit ungefähr drei Wochen verhält sich Charlie jedoch zunehmend anspruchsvoller. Sie folgt Benno weiterhin beharrlich, aber scheint plötzlich mehr zu brauchen. Sie will mehr getragen werden, auf dem Schoß sitzen. Sobald ein anderes Kind die Nähe von Benno braucht, fängt Charlie manchmal bitterlich zu weinen an. Besonders unruhig wird Charlie nach dem Mittagschlaf, wenn das Abholen bevorsteht. Benno kann Charlies Unruhe in gewisser Weise sehr gut nachvollziehen. So ist immer unklar, wer Charlie abholt und wann das Abholen erfolgen wird. Mal wird Charlie sogar schon vor dem Mittagsschlaf abgeholt, manchmal verbringt sie fast den gesamten Nachmittag in der Kita. Diese unklare Abholsituation ist der Tatsache geschuldet, dass mehrere Personen hier Verantwortung übernehmen. Am Dienstag wird Charlie *vor* dem Mittagschlaf von der Oma mütterlicherseits abgeholt. Am Mittwoch wird Charlie meist von einer anderen Mutter mitabgeholt und zu den Eltern gebracht. An den anderen Tagen übernehmen die Eltern das Abholen – beide im Schichtdienst tätig – oder die Großeltern väterlicherseits. Haben die Eltern in den ersten Wochen bei Benno noch auf eine gewisse Routine geachtet, so scheint die Abholsituation von Woche zu Woche komplizierter zu werden. Benno mag beide Elternteile und hat zu beiden eine gute Beziehung aufgebaut. Dennoch spürt er zunehmend mehr Ärger in sich aufsteigen, dass das Abholen – aus seiner Sicht ein wichtiger Übergang für Kinder – so „flexibel" gestaltet wird.

Im Rahmen eines gemeinsamen Gesprächs geht Benno auf die aktuelle Situation ein. Er beschreibt Charlies verändertes Bindungsverhalten sowie ihre gesteigerte Unruhe im Rahmen der Abholsituation. Beide Elternteile reagieren verständnisvoll und auch ein wenig beschämt. Es ist offensichtlich, dass sie diese Situation selbst als wenig ideal einschätzten. Die Großeltern sind allesamt noch berufstätig, und die eigene Schichtarbeit erschwert die Situation für die Eltern zusätzlich. Als Erstes wird verbindlich festgelegt, dass Charlie grundsätzlich *nach* dem Mittagsschlaf abgeholt wird. Des Weiteren versprechen die Eltern, für jeden Monat einen Abholplan zu erstellen. Dieser Plan soll helfen, das Abholen möglichst ähnlich aufeinander abzustimmen und zudem Benno darüber informieren, wie eine Woche ablaufen wird.

Dieses Vorgehen zeigt bald eine positive Wirkung. Benno kann Charlies Unruhe sehr viel besser regulieren, wenn er selbst mehr Klarheit darüber hat, wann das Abholen stattfinden wird. Anstatt Charlie mit ungewissen Versprechungen zu trösten, dass Oma, Mama oder Papa sicherlich bald da sein werden, kann Benno nun viel klarer eine Tagesstruktur für sich und Charlie erarbeiten. Ist das Kind lange in der Kita, so plant er gezielt eine Einzelbeschäftigung für Charlie ein oder geht sogar allein mit ihr in den Garten – auch wenn die anderen Kinder zu diesem Zeitpunkt schon abgeholt wurden. Wenn klar ist, dass das

Abholen unmittelbar bevorsteht, trägt er Charlie viel oder versucht auf anderem Weg, in naher Verbindung zu bleiben. Außerdem führt Benno mit den abholenden Personen jeweils ein kurzes „Coaching-Gespräch“, verbunden mit dem Ziel, diesen Übergang möglichst einheitlich zu gestalten. Sehr bald verläuft die Situation nun viel ruhiger und strukturierter.

Die Veränderung des äußeren Rahmens, die Schaffung von verlässlichen Strukturen, haben positive Effekte auf Charlies Verhalten. Sehr bald ist sie ruhiger und fröhlicher. Sie folgt Benno inzwischen auch weniger intensiv und findet immer öfter in ruhige, vertiefte Spielsituationen.

Co-Regulation

Bei der sogenannten Co-Regulation übernimmt eine erwachsene Bezugsperson bewusst die Verantwortung für die emotionale Verfasstheit des Kindes. Sie verbietet Emotionen nicht, spiegelt diese dem Kind angemessen und unterstützt aktiv dabei, dass Gefühle als aushaltbar sowie veränderbar erlebt werden. Mehr dazu › Kapitel 3.3

Impulse für Elterngespräche

▷▶▷ Erst im Kindergartenalter können sich Kinder zunehmend besser in Raum und Zeit orientieren. Sehr kleine Kinder reagieren auf häufige Wechsel sowie Strukturlosigkeit oftmals mit gesteigerter Unruhe. Viele Kinder werden dann auch anhänglicher und zeigen verstärktes Bindungsverhalten.

▷▶▷ Kinder profitierten von ähnlichen Abläufen, Strukturen und Ritualen. Kleine Kinder können weder die Uhrzeit lesen, noch wissen sie, dass es wiederkehrende Wochentage gibt. Sie orientieren sich deshalb an Anhaltspunkten und fordern oft auch sehr beharrlich ein, dass alles nach einem ähnlichen Schema ablaufen soll. Man muss beispielsweise zuerst die Matschhose anziehen und dann erst die Mütze. Die Idee, es einmal ganz anders zu machen, kann ein kleines Kind in richtige Verzweiflung stürzen. Es ist gut, wenn Erwachsene das dahinterstehende Bedürfnis erkennen. Es geht nicht um die Hose und die Mütze, sondern um den Wunsch nach Verlässlichkeit.

▷▶▷ Sogenannte Übergangssituationen dürfen und sollen mit kleinen Kindern einfühlsam gestaltet werden. Je älter Kinder werden, desto leichter fällt es ihnen in aller Regel, sich von einer aktuellen Situation zu lösen und sich auf eine neue Aufgabe sowie Anforderungen einzulassen. Klein- sowie Kindergartenkinder schaffen diesen Transfer häufig nur mittels intensiver Begleitung. Deshalb ist es wichtig, die Bring- sowie Abholsituation in der Kita verlässlich und bindungsstärkend zu begleiten. Kinder erleben auf diese Weise immer wieder, sich von einer Welt in die andere Welt zu bewegen. Diese Lernerfahrung wird integriert und hilft dem Kind später im Grundschulalter, sich selbstständig durch den Schulalltag zu bewegen.

BARTOZ – ES BRAUCHT EIN GANZES DORF, UM EIN KIND ZU BEGLEITEN

Hier geht es um die folgenden Themen:

- Unzuverlässiges Elternverhalten in Bezug auf Elterngespräche
- Gestaltung von Übergängen, in diesem Fall das Abholen
- Kindliche Erschöpfung und fehlende Routine beim Schlafen
- Zweite Schwangerschaft und Auswirkungen auf das Familiensystem
- Entwicklung von Freundschaften im frühen Kindergartenalter
- Kindliche Gefühlsausbrüche und emotionale Co-Regulation
- Aufbau eines unterstützenden Familien-Netzwerks

Die Eltern von Bartoz beklagen im Rahmen von Tür-und-Angel-Gesprächen wiederholt eine gewisse Ratlosigkeit im Umgang mit ihrem Kind. Er besucht seit sechs Monaten den Kindergarten. Bartoz, inzwischen dreieinhalb Jahre alt, hat aus Sicht der pädagogischen Fachkräfte noch nicht Anschluss in der Kindergruppe gefunden. Eine Einladung zu einem Zwischengespräch nehmen die Eltern gerne an. Wenige Stunden vor dem geplanten Termin sagen die Eltern ab, und ein weiterer Termin muss ebenfalls verschoben werden. Nach dem dritten Versuch klappt es endlich: Beide Elternteile sitzen im Büro von Leitung Franzi. Die Eltern haben Kuchen mitgebracht. Sie sind sichtlich enttäuscht, als Franzi sich dafür bedankt, aber aktuell nichts davon probieren möchte. Franzi bemerkt dies und bedankt sich noch einmal herzlich für die Mühe und erklärt ihre Entscheidung: „Gerne probiere ich später von dem Kuchen, den Sie sogar selbst gebacken haben. Das Team freut sich immer sehr über solche Leckereien. Gerade möchte ich mich aber voll und ganz auf unser Gespräch konzentrieren. Es war gar nicht so leicht, dass ein Termin zustande kommt. Schön, dass Sie heute hier sind, sogar beide Elternteile. Sie sind zeitlich sehr eingebunden, oder?“

Dass Franzi die Absagen so direkt aufgreift, scheint die Eltern zu verunsichern. Sie benennen verschiedene Gründe, allen voran Stress in der Arbeit, wenig Zeit und dann noch Bartoz' schwieriges Verhalten. Franzi kommentiert dies wieder direkt: „Umso mehr freut es mich, dass Sie heute hier sind. Manchmal ist es gar nicht so einfach, sich Zeit für ein Elterngespräch zu nehmen. Man freut sich vielleicht ein bisschen darauf, da man etwas über sein Kind erfährt. Zugleich befürchtet man vielleicht auch, dass man schwierige Fragen gestellt bekommt oder dass das Kind gar Probleme hat, von denen man bislang noch nichts wusste. Das geht vielen Eltern so. Wir arbeiten hier mit den Eltern zusammen. Wir wollen, dass die Kinder eine gute Kindergartenzeit haben. Das geht am besten, wenn sich die pädagogischen Fachkräfte und die Eltern austauschen. Das ist das Ziel unseres Gesprächs. Bartoz ist ein toller Junge. Er kann schon richtig viel und wir haben den Eindruck, er kommt gerne hierher." Diese Sätze scheinen wie ein Wundermittel zu wirken. Die Körperhaltung der Eltern entspannt sich. Auf ihren Gesichtern ist erstmals ein Lächeln zu sehen.

Auch die Eltern berichten davon, dass Bartoz gerne in den Kindergarten geht. Aber schon am Morgen kommt es zu vielen schwierigen Situationen, denn man könne ihm nichts recht machen. Beim Abholen wirke er sehr erschöpft. Das Drama beginne in der Regel, sobald man den Kindergarten verlasse. Er werfe sich auf den Boden, weigere sich, nach Hause zu gehen, und müsse zum Lastenrad getragen werden. Zu Hause raste er regelmäßig aus – wegen Kleinigkeiten. Die Situation verschlimmere sich sofort, wenn man sich nicht mit ihm beschäftige.

Sind Kinder wütend, so führt die Aktivierung des sympathischen Nervensystems zur Freisetzung von Cortisol und Noradrenalin. Dies nimmt Einfluss auf die Bereitschaft, sich ablenken zu lassen und flexibel über Alternativen nachzudenken. Es erklärt die „Uneinsichtigkeit" kleiner Kinder bei Wutausbrüchen und das Unvermögen, sich auf Lösungen einzulassen. Cortisol hat jedoch zwei Wirkungsprinzipien. Nach ungefähr einer Stunde fördert Cortisol erstaunlicherweise ebenso Ruhe und Entspannung (Strüber 2019). Viele Kinder suchen nun von sich aus die Nähe der Bindungsperson auf und zeigen Bindungsverhalten. Sie wünschen sich Trost und Rückversicherung. Bei Kindern ab dem Kindergartenalter kann sich außerdem eine gewisse Einsicht einstellen. Es ist dann auch möglich, ein ruhiges Gespräch zu führen sowie über Alternativen zu sprechen, was man beim nächsten Konflikt besser gestalten könnte.

Bartoz' Mutter, erneut schwanger, gibt sehr offen zu, dass ihr häufig die Geduld fehlt. Die starke Übelkeit ist inzwischen verschwunden, eine starke Müdigkeit jedoch geblieben. Aus diesem Grund habe sie kaum Energie für ihren Sohn und lasse ihn deshalb so lange wie möglich im Kindergarten. In den letzten Wochen wurde Bartoz oft als Letzter – gegen 16.30 Uhr – abgeholt. Manchmal sei er auf dem Nachhauseweg sofort eingeschlafen. Auch bei kurzer Schlafdauer zeigt sich ein positiver Erholungseffekt: Bartoz verhält sich deutlich kooperativer. Dieser positive Effekt verringert sich jedoch, wenn das abendliche Einschlafen ansteht. Wenn Bartoz nachmittags geschlafen hat, so findet er stets sehr spät in den Nachtschlaf, manchmal erst gegen 23 Uhr. Dies wiederum erschöpft die Eltern erneut. Natürlich ist ihr Sohn am nächsten Tag nicht ausgeruht und möchte nicht aufstehen. Ein Teufelskreislauf: Lasse man ihn schlafen, sei er zu lange wach und erneut am Nachmittag müde. Lasse man ihn nicht schlafen, seien die Abendstunden von zahlreichen Wutausbrüchen getrübt. Die Eltern besorgt es außerdem, dass Bartoz bislang noch keine Freunde gefunden hat. Sie sind sich unsicher, ob die Betreuung in einer so großen Kindergruppe ihr Kind überfordert.

Was wissen wir über gute Betreuung?

Je jünger ein Kind ist, desto bedeutsamer ist das konsistente, responsive Eingehen auf kindliche Affekte sowie Äußerungen. Die prompte Reaktion der Bezugsperson vermittelt ein erstes Erleben von Selbstwirksamkeit: „Ich kann aktiv Einfluss auf meine Umwelt nehmen." Erfolgt die Antwort der Bezugsperson dagegen überwiegend verspätet oder bleibt sogar möglicherweise aus, so kann dies mit negativen Folgen für die kindliche Entwicklung einhergehen. „There is no such thing as a baby" – dieses berühmte Zitat des Psychoanalytikers D.W. Winnicott beschreibt treffend die existenzielle Abhängigkeit des kleinen Kindes von seiner Umwelt. Ein kleines Kind ist alleine nicht überlebensfähig. Ein Kind kann seine Entwicklung nicht auf später verschieben. Es kann erst zu einem Kind werden, wenn eine entwicklungsförderliche Umwelt sich seiner annimmt und ihm das Kindsein ermöglicht.

Eine feinfühlige (Einzel-)Betreuung ist in den ersten Lebensjahren sehr bedeutsam. Früher oder später werden Kinder in aller Regel Teil einer Kindergruppe. Damit für junge Krippenkinder weiterhin eine fürsorgliche Betreuung garantiert ist, empfiehlt die Wissenschaft schon lange einen Betreuungsschlüssel von 1:3. Eine pädagogische Fachkraft kümmert sich dann um drei Kinder. Im Kindergarten wird ein Betreuungsschlüssel von 1:7,5 noch als vertretbar eingeschätzt (Bertelsmann Stiftung 2020).

Befunde zeigen außerdem, dass Kinder sich in der Betreuung wohlfühlen und eine sichere Beziehung zu mindestens einer Fachkraft aufnehmen, wenn es dieser gelingt, die gesamte Kindergruppe empathisch zu begleiten. Eine beziehungsbezogene Gruppenatmosphäre ist entscheidend, sodass die Bedürfnisse der Kinder austariert und das Verhalten der Fachkräfte abgestimmt erfolgt (Ahnert 2020).

Im Gespräch mit den Eltern werden folgende Lösungen erarbeitet:

- Für die nächsten vierzehn Tage wird eine verbindliche Abholzeit von 14.30 Uhr festgelegt. Das Bringen am Morgen wird ab sofort von der Mutter übernommen. Dies hat den Vorteil, dass der Vater früher mit seiner Arbeit beginnen und früher wieder zu Hause sein kann, um seine schwangere Frau mehr zu entlasten.
- Die Eltern halten Ausschau nach einer zusätzlichen Betreuungsperson, die in den Nachmittagsstunden sowie nach der Geburt des Babys mithelfen kann.
- Bartoz hat schon öfter mit einem gleichaltrigen Jungen gespielt, der ebenfalls auf der Suche nach Freundschaft ist. Die Eltern werden erneut mit der anderen Familie in Kontakt treten, um die Beziehung der Gleichaltrigen zu stärken.
- Wenn Bartoz starke Gefühlsausbrüche hat, so sollen die Eltern möglichst ruhig mit ihrem Kind umgehen.

Nach rund zwei Monaten findet ein weiteres Gespräch statt. Der Familie geht es deutlich besser. Dass sich der Vater engagierter in die Betreuung und Erziehung von Bartoz einbringt, entlastet die Mutter sehr. Die Beziehung zum Vater hat sich deutlich verbessert und dieser nimmt sich erstmals in seiner Vaterrolle als bedeutsam wahr. Diese Entwicklung ist auch hinsichtlich der bevorstehenden Geburt des zweiten Kindes wichtig. Der Vater unternimmt mit seinem kleinen Sohn nun regelmäßig alleine etwas, geht mit ihm schwimmen, bringt ihm das Radfahren bei, besucht Spielplätze und den Zoo. Diese Erlebnisse stärken Bartoz. Er wirkt selbstbewusster und erzählt nun erstmals im Morgenkreis etwas von sich und seinen Erlebnissen.

Die Familie hat außerdem eine nette Studentin gefunden, die Bartoz einmal wöchentlich vom Kindergarten abholt und etwas mit ihm unternimmt. Die Freundschaft zu dem gleichaltrigen Jungen entwickelt sich positiv, und auch zwischen den Eltern ist eine Freundschaft entstanden, sodass sich die Familien regelmäßig treffen.

Die kürzere Betreuungsdauer wird vorerst so beibehalten: Bartoz ist im Anschluss an die Betreuung deutlich weniger erschöpft und übelgelaunt. Der Tag-Wach-Rhythmus ist wieder von Regelmäßigkeit geprägt. Die Eltern hatten vor dem Gespräch keinerlei Unterstützung durch andere gehabt. Nun ist ein stabiles Netzwerk entstanden, bestehend aus Kindergarten, einer anderen Familie sowie der Studentin.

Emotionsregulation

Kinder profitieren davon, wenn Bezugspersonen ihnen dabei helfen, sich von ihrem intensiven Emotionserleben zu distanzieren. Dies wird möglich durch beruhigenden Körperkontakt sowie durch bewusste Umlenkung der ursprünglichen Intention. Das Kind lernt auf diese Weise, dass Wünsche nicht immer durchsetzbar sind. Durch das Finden von Lösungen und Alternativen wird es möglich, sich davon auch wieder angemessen zu distanzieren.

Impulse für Elterngespräche

- Viele Kinder machen in der Kita erstaunlich gut mit. Sie probieren neue Gerichte. Sie schlafen vielleicht auch schneller und selbstständiger ein. Sie zeigen ihre Gefühle, aber nicht in einer Intensität wie zu Hause. Irgendwann sind ihr Mut sowie ihre Bereitschaft, sich kooperativ zu verhalten, aufgebraucht. Diesen Effekt bekommen die Eltern dann deutlich zu spüren – die Kinder verhalten sich weniger kooperativ.

- Viele Kinder verhalten sich in sogenannten Übergangssituationen schwierig. Wichtig ist, dass man dem Kind einerseits Geduld und Verständnis entgegenbringt. Andererseits ist eine gewisse Form von Führung und Anleitung ebenso wichtig: „Jetzt gehen wir los. Die Schuhe fliegen zu dir. Die Jacke auch." Eine spielerische Auflösung hilft vielen Kindern, sich besser auf die neue Situation einzulassen.

- Kann ein Kind durch Körperkontakt gut beruhigt werden, so ist es sinnvoll, dass Eltern den Wunsch nach Bindung erfüllen und ihr Kind dadurch wieder ruhiger werden darf.

- In der zweiten oder dritten Schwangerschaft erleben viele Mütter, dass sie weniger Energie haben. Es ist hilfreich, wenn andere Menschen die schwangere Mutter entlasten. Das können Großeltern sein, aber auch Betreuungspersonen, die bezahlt werden.

- Die Stärkung der Vater-Kind-Beziehung in der zweiten Schwangerschaft hat meist positive Effekte. Die Kinder können sich häufig etwas besser von der Mutter lösen, die Beziehung zum Vater intensivieren und auf diese Weise dann auch leichter das Neugeborene willkommen heißen.

- Es gibt Kinder, die bereits sehr früh keinen Mittagsschlaf mehr brauchen und ebenso gibt es Kinder, die im Kindergartenalter noch deutlich von einer Ruhe- und Schlafpause profitieren. Wenn Kinder sehr müde nach dem Kindergarten sind und danach sofort einschlafen, so gilt es zu überlegen, wie eine Schlafpause (wieder) möglich wird. Oder ob eine frühere Abholzeit kindliche Erschöpfung reduziert und damit ein Mittagsschlaf nicht mehr notwendig ist.

- Kleine Kinder sind im Umgang mit ihren Gefühlen noch sehr unreif. Sie können sich noch nicht gut alleine beruhigen. Ferner ist es wichtig, dass die Eltern z. B. auf regelmäßige Essens- und Schlafzeiten achten. Müdigkeit und starker Hunger können auslösende Faktoren von Wutausbrüchen sein. Damit ist wiederum nicht gemeint, dass man Kinder mit Nahrung beruhigen soll. Damit ist gemeint, dass man auf eine gute Balance des physiologischen Wohlbefindens achten sollte.

- Eltern sollten als gute Vorbilder vorleben, wie ein Umgang mit starken Gefühlt gelingt.

- Es ist sinnvoll, dass Eltern die Gefühle ihres Kindes benennen und ihm dabei helfen, einen Ausgang aus dem starken Gefühl zu finden. Dieses Elternverhalten unterstützt die emotionale Entwicklung des Kindes.

- Kinder kommen noch lieber in den Kindergarten, wenn sie dort Freunde gefunden haben. Sich regelmäßig mit anderen Kindern außerhalb der Betreuung zu treffen, hilft Kindern meist sehr, ihre Freundschaft zu festigen und zu intensivieren.

JONAH – GRENZEN BENENNEN UND BINDUNG STÄRKEN – BEIDES IST MÖGLICH

Hier geht es um die folgenden Themen:

- Kindliche Gefühlsausbrüche und emotionale Co-Regulation
- Dynamik zwischen Geschwistern
- Elterliche Zusammenarbeit und Auswirkungen auf das Familiensystem
- Erziehungskonflikte und Familiendynamik
- Kindliche Präferenz eines Elternteils und mögliche Veränderungen
- Stärkung von Eltern im Umgang mit Eltern-Kind-Konflikten

Die Mutter von Jonah (vier Jahre) bittet das Kindergartenteam um ein zeitnahes Entwicklungsgespräch. Sie empfindet Jonah seit Wochen als extrem schwierig. Er verweigere beständig die Kooperation und habe aufgrund von Kleinigkeiten starke Wutausbrüche. Biete man ihm eine Sache an, so sei das Angebot, der Vorschlag grundsätzlich falsch. Höre man auf, ihm Alternativen anzubieten, so verstärke sich die Wut. Jonah hat mehrfach versucht, seine Mutter zu schlagen. Der jüngere Bruder hat hierauf ängstlich reagiert und zu weinen begonnen. In diesen Situationen war der Vater als regulierende Instanz nicht verfügbar. Inzwischen hat sich ein ewiger Kreislauf aus Wut und Schimpfen ergeben.

Auch Erzieher Wassily ist aufgefallen, dass Jonah in der letzten Zeit vermehrt Schwierigkeiten hat, sich an Regeln zu halten. Er ist häufig in Konflikte mit anderen Kindern involviert, wobei diese verbal sowie körperlich ausgetragen werden. Wenn man mit Jonah dann vernünftig spreche, ihn auf Grenzen und Regeln hinweise, so habe dies positive Effekte. „Jonah verhält sich meist einlenkend und gesprächsbereit" – so lautet das Feedback von Wassily. Gemeinsam werden verschiedene Situationen besprochen, die die Mutter derzeit als herausfordernd erlebt.

Die mütterliche Reaktion gestaltet sich in Konfliktsituationen überwiegend wie folgt:

- Die Mutter sorgt sich um die Beziehung zu ihrem Sohn, die sich seit der Geburt des Bruders vor einem Jahr verschlechtert hat. Die Ablehnung macht ihr sehr zu schaffen. Jonah bevorzugt seitdem deutlich seinen Vater.
- Die Mutter fürchtet eine weitere Verschlechterung der Beziehung, wenn sie bei einem „Nein" bleibt, auch dann, wenn es sinnvoll und wichtig erscheint. Sie verhält sich widersprüchlich.
- Dies wiederum verärgert den Vater und führt immer häufiger zu Konflikten zwischen den Eltern. Der Vater spricht sich für mehr Regeln und Grenzen aus. Werden diese von ihm kommuniziert, so verhält sich Jonah meist kooperativ und einsichtig.
- Die Mutter fühlt sich schon länger überflüssig und störend in der engen Vater-Sohn-Beziehung. Sie kümmert sich um den jüngeren Bruder, der bislang noch wenig Beziehung zu seinem Vater aufgenommen hat. Diese Aufteilung der Kinder belastet die Mutter immer mehr.

In einem einfühlsamen, wertschätzenden Gespräch können die Sorgen der Mutter besprochen werden. Entscheidend für den Gesprächsverlauf ist Wassilys Haltung gegenüber der Mutter: „Manchmal haben es Eltern schwer. Es ist eine familiäre Dynamik entstanden, die alle mehr oder weniger belastet. Sich dann Hilfe zu holen und darüber zu sprechen, erfordert Mut. Aber es ist wichtig, damit eine Veränderung möglich wird."

Die Einsicht, dass Jonah kein schwer erziehbares Kind ist, vielmehr die aktuelle Familiendynamik das aufbrausende Verhalten befeuert, kann von Seiten der Mutter gut angenommen werden. Jonah hatte vor der Geburt des jüngeren Bruders eine gute, innige Beziehung zu seiner Mutter. Vielleicht sind die Wutausbrüche ein kindlicher Lösungsversuch, die mütterliche Aufmerksamkeit auf störende Art zu generieren. Anstatt sich auf die aktuellen Schwierigkeiten zu fokussieren, lenkt Wassily den Blick auf positive Entwicklungen bei Jonah. Die Mutter kann dies gut aufgreifen und durch eigene Beobachtungen ergänzen. Dies hat für sie eine sehr entlastende Wirkung.

„Wutausbrüche und starke Gefühle sind beinah schon normal bei Kindern, auch noch im Kindergartenalter. Dennoch ist es wichtig, angemessen Regeln und Grenzen zu benennen. Das Kind darf darüber seine Wut ausdrücken. Wenn diese Wut zusammen ausgehalten wird, wenn die Eltern trotz des Konflikts nicht mit einem Beziehungsabbruch drohen, so müssen sie auch nicht um eine Beschädigung der Beziehung fürchten. Eltern und Kinder können gemeinsam die wichtige Erfahrung machen, dass Konflikte im Alltag dazugehören." Diese neue Einsicht zeigt rasch eine positive Wirkung. Anstatt sich in Erklärungen zu verlieren oder sofort Alternativen anzubieten, vertritt die Mutter nun selbstbewusster ihre Entscheidungen. Anstatt ihrem Kind sofort hinterherzulaufen, wenn Jonah wütend in sein Zimmer rennt und die Türe hinter sich zuknallt, hält die Mutter die Konfliktsituation nun besser aus. Beide Elternteile sind überrascht davon, wie schnell sich Jonah in seinem Zimmer alleine beruhigen kann. Alsbald sucht er von sich aus wieder die Nähe zu Mutter oder Vater auf und verhält sich einlenkend und gesprächsbereit. Es kommt immer häufiger zu guten Gesprächen sowie emotionalen Versöhnungsszenen zwischen Mutter und Sohn. Diese positive Entwicklung geht wiederum mit positiven Effekten für die elterliche Paarbeziehung einher. Der Vater hat mehr Freiräume, sich um seinen jüngeren Sohn zu kümmern, da ihn Jonah nicht mehr beständig okkupiert. Dies wiederum befreit die Mutter von der Pflicht, sich andauernd um das jüngere Kind zu kümmern. Sie hat wieder mehr Ressourcen für ihren Erstgeborenen. Dies stimmt sie zuversichtlich, dass die frühere gute Beziehung zu Jonah nicht einfach verschwunden ist. Allein schon die Tatsache, dass sie Jonah morgens nun häufig allein zum Kindergarten bringt, hat einen beziehungsstärkenden Effekt. Die Wutausbrüche nehmen rasch an Heftigkeit und Intensität ab.

Wie kann man starke Gefühle begleiten?

Ein wütendes Kind kann sich in aller Regel nicht auf den beruhigenden Körperkontakt mit einer Bezugsperson einlassen. Insbesondere jüngere Kinder werden von starken Gefühlen förmlich überflutet. Sie schreien laut, werfen sich auf den Boden, strampeln mit den Füßen und schlagen möglicherweise sogar um sich. Auch kann es dazu kommen, dass sie Gegenstände werfen oder sogar gezielt den anwesenden Erwachsenen angreifen, indem sie diesen schlagen, beißen oder in dessen Richtung spucken. Natürlich sind die Erwachsenen dann dazu aufgefordert, sich selbst zu schützen. Zugleich ist die Wartekompetenz der Erwachsenen gefragt: Es gilt, die Situation anzunehmen und gemeinsam mit dem Kind das starke Gefühl auszuhalten. Manche Kinder weinen intensiv, beruhigen sich nach wenigen Minuten wieder. Andere Kinder sind untröstlich, sodass sie bis zu dreißig Minuten und länger intensiv ihre Gefühle ausdrücken. Abzuwarten, bis das Kind selbst „genug“ von seinem Gefühl hat und langsam wieder in eine andere Bewusstseinssphäre eintaucht, sollte im Methodenkoffer der Erwachsenen als wichtige Strategie enthalten sein.

Im Anschluss an einen Wutausbruch werden die meisten Kinder wieder ruhiger und zugänglich. Die Bindungsperson kann – je nach kindlicher Stimmungslage – vorsichtig Körperkontakt anbieten und z. B. über den Rücken des Kindes streichen. Sie kann einfühlsam mit Worten beschreiben, was sich gerade ereignet hat: „Du warst so wütend und aufgeregt, dass wir heute nicht in die Turnhalle gehen. Du hast dich so darauf gefreut und warst ganz enttäuscht, dass das Turnen heute nicht stattgefunden hat, oder? So eine Aufregung!“

Die Arbeit an der eigenen Haltung im Umgang mit kindlichen Affekten ist die wichtigste Aufgabe der Erwachsenen. Eine annehmende und ruhige Umgebung hilft dem Kind extrem dabei, den übererregten inneren Spannungszustand wieder zu verlassen.

Impulse für Elterngespräche

- Mit Kindern gibt es ständig kleinere und größere Konflikte. Diese Situationen beinhalten ein hohes Lernpotenzial für beide Seiten. Erwachsene sind dazu aufgefordert, auf Kinder einzugehen und ihnen ausreichend Verständnis entgegenzubringen. Zugleich ist es ihre Aufgabe, entwicklungsangemessene Erwartungen zu formulieren. Kinder lernen dann, dass ihre Bedürfnisse zählen, es aber ebenso Grenzen in Bezug auf deren Erfüllung gibt.

- Wut und Ärger helfen uns dabei, eigene Grenzen zu spüren. Man sollte Kindern diese Gefühle nicht verbieten. Dies erhöht ihre Bereitschaft, sich konstruktiv mit Gefühlen auseinanderzusetzen.

- Natürlich drücken Kinder gegenüber engen Bindungspersonen besonders intensiv ihre Gefühle aus. Dies ist einerseits ein Ausdruck von Vertrautheit, und andererseits führen enge Bindungsbeziehungen automatisch dazu, dass man in einen intensiven Gefühlsaustausch miteinander eintaucht.

- Bereits kleine Kinder lehnen während eines Wutausbruchs Nähe und Körperkontakt ab. Später, im Kindergartenalter, schreien und toben manche Kinder dann weniger intensiv. Sie ziehen sich möglicherweise in ihr Zimmer zurück und schlagen wütend die Türe hinter sich zu. Eltern sollten den Wunsch nach Rückzug und Distanz grundsätzlich akzeptieren – natürlich unter Beibehaltung ihrer Fürsorge- und Aufsichtspflicht.

Gewährt man Kindern diesen emotionalen Rückzug, so können sie sich später meist wieder gut auf Nähe und eine ruhige Nachbesprechung der Situation einlassen.

- Kinder lernen am besten von friedlichen Erwachsenen, die aktiv eine friedvolle Bewältigung von schwierigen Situationen vorleben. Ein solches Lernen am Modell bietet stets hervorragende Lernmöglichkeiten.

- Es gibt Kinder, die sich nach einem Wutausbruch wie erlöst in den vertrauten Arm werfen und möglicherweise sogar noch einmal zu weinen beginnen, nun aber gut Trost und Nähe zulassen können. Andere Kinder brauchen eine längere Aufwärmphase und möchten lieber seitlich neben der anwesenden Bezugsperson sitzen. Sie kuscheln sich ein wenig an, sind aber noch distanziert im Verhalten. Sie können sich gut auf den Vorschlag einlassen, dass man ein Bilderbuch vorliest.

- Ein klärendes Gespräch wird für ein Kind erst möglich, wenn es sich wieder beruhigt hat. Natürlich spielt der sprachliche und kognitive Entwicklungsstand hier ebenso eine entscheidende Rolle.

ISABELLA – WARUM DIE STIMMUNG AM FAMILIENTISCH BEDEUTSAM IST

Hier geht es um die folgenden Themen:

- Kennzeichen einer sicheren Fachkraft-Kind-Beziehung
- Elternnöte im Umgang mit kindlichem Essverhalten
- Kindeswohl und Vernetzung von Fachkräften
- Elterliche Zusammenarbeit und Auswirkungen auf das Familiensystem
- Entwicklung von kindlichem Ess- und Genussverhalten
- Gestaltung von bedürfnisorientierten Mahlzeiten im Kleinkindalter

Isabella (21 Monate) ist ein stilles Kind, das sich bislang noch wenig am Gruppengeschehen beteiligt. Die Eingewöhnung in der aktuellen Kita erstreckte sich über rund sieben Wochen. Der Vater nahm sich dafür viel Zeit. Isabella hat eine sichtbar gute Beziehung zu ihrer Bezugserzieherin Sandra aufgebaut. Sie streckt die Ärmchen nach ihr aus und kann gut von ihr beruhigt werden. Auffällig ist jedoch, dass Isabella kein Essen zu sich nimmt, auch nicht aus der mitgebrachten Brotzeitdose.

In einem Gespräch mit dem Vater erfährt Sandra Folgendes: Auch zu Hause ist das Essen von Schwierigkeiten überschattet. Isabella ist von Anfang an ein zartes Kind gewesen. Sie habe am Anfang sehr zögerlich zugenommen, was insbesondere die Mutter sehr sorgte. Das Stillen war sehr schwierig und wurde im zweiten Monat beendet. Aktuell gestaltet sich die Ernährung von Isabella wie folgt: Sie trinkt morgens und abends eine Milchflasche und verlangt auch nachts regelmäßig danach. Tagsüber ernährt sich das Kind von Quetschies, Obstmus, Grießbrei sowie Hirsekringeln. Das Essen am Tisch, gemeinsam mit den Eltern, ist kaum von Ruhe geprägt. „Wenn man Isabella ablenkt, z.B. mit einem Buch oder Video auf dem Handy, lässt sie sich gut und zügig füttern" – so lautet die Einschätzung des Vaters.

Der Vater gibt offen zu, dass er insbesondere das Füttern, abgelenkt mit dem Handy, problematisch findet. Isabelles Mutter wiederum befindet sich in ständiger Sorge, dass Isabella zu wenig essen könnte. Zudem beklagt sie, dass ihr Mann sich kaum noch für Isabellas Ernährung interessiert, lange bei der Arbeit bleibt und sie die gefürchteten Essenssituationen mit dem Kind alleine aushalten muss. Mehrmals haben sich die Eltern vor dem Kind während einer Mahlzeit gestritten, was Isabella wohl erschreckt und zum Weinen gebracht hat.

Eltern fühlen sich selbstverständlich verantwortlich für das Gedeihen ihres Kindes. Interessanterweise scheinen sich Mütter nach wie vor ganz besonders verantwortlich für die Ernährung des Kindes zu fühlen. Ein erschwerter Stillstart oder eine nicht gelingende Stillbeziehung, bei gleichzeitigem Stillwunsch, kann zu einer massiven Verunsicherung der Mutter führen und noch Jahre später tief im Erleben abgespeichert sein, sodass der Ernährungszustand des Kindes weiterhin kritisch beobachtet wird.

Sandra arbeitet schon seit vielen Jahren als Erzieherin. Sie hat viele Kinder beim Essen erlebt und begleitet. Sie weiß, dass es experimentierfreudige Kinder gibt, die neugierig alles probieren. Ebenso hat sie viele Kinder erlebt, die neue Essensangebote zögerlich annehmen, stattdessen ihre „Standardgerichte" essen, damit aber sichtlich zufrieden sind. Für Sandra ist entscheidend, dass ein Kind grundsätzlich Freude beim Essen ausdrückt. Wenn Kinder freudlos essen, um ihr Überleben zu sichern, so wird Sandra hellhörig. Die Berichte der Eltern sowie die Beobachtung von Isabella, die in der Kita nach wie vor komplett das Essen verweigert, besorgt sie zunehmend. Sie tauscht sich dazu mit ihrem Team aus. Dass Isabella Anzeichen einer ernsthaften Fütterstörung zeige, die sich wahrscheinlich nicht organisch begründen lasse, ist das Ergebnis der Team-Besprechung.

Fütterstörungen

Bereits im Säuglings- und Kleinkindalter gibt es Fütterstörungen. Zu unterscheiden sind temporäre Fütter- / Ess-Probleme und schwere Fütter- / Ess-Störungen, die oft in einen chronischen Zustand übergehen und eine Gefahr für die gesamte kindliche Entwicklung darstellen (Gutknecht 2017). Sehr entscheidend sind jedoch Ressourcen und Kompetenzen von Bezugspersonen, das Kind einfühlsam zu regulieren. Sehr häufig geht eine Fütterstörung auch mit einer Störung der Eltern-Kind-Interaktion sowie unsicheren Bindungsmustern oder sogar Pathologien einher. Eine professionelle Unterstützung durch eine/n Kinderarzt/-ärztin ist entscheidend, damit problematische Verläufe frühzeitig unterbunden werden. Fachkräfte sollten Eltern dazu ermutigen, rechtzeitig Unterstützung einzuholen und kompetent weiterhelfen das passende Beratungsangebot zu finden.

In Fällen, wo das Kindeswohl in den Mittelpunkt rückt, arbeitet die Kita schon seit vielen Jahren mit einer Psychologin zusammen. Diese beobachtet das Kind zunächst in der Kita und führt im Anschluss daran mit den Eltern und einer Erzieherin ein gemeinsames Gespräch. Die Eltern sind mit diesem Vorgehen einverstanden und fühlen sich entlastet, da sie ab sofort nicht mehr allein die Verantwortung für Isabellas Ernährung tragen. Die Empfehlung, eine spezielle Ambulanz für Babys und Kleinkinder aufzusuchen, setzen die Eltern sofort um. Dort findet eine intensive Begleitung der Familie statt. Es braucht etwas Zeit, aber dann stabilisiert und verbessert sich das kindliche Essverhalten – sowohl zu Hause als auch in der Kita. Isabella akzeptiert zum ersten Mal stückige Nahrung wie beispielsweise Nudeln und Kartoffeln. Wenn sie neue Dinge probiert, so ist es für Isabella sehr wichtig, dass Sandra neben ihr sitzt, dann wirkt sie sicher und beruhigt. Sandra überredet oder drängt Isabella nicht zum Essen. Sie freut sich mit ihr, wenn Isabella die Erfahrung machen darf, dass es „dud schmeckt". Ebenso akzeptiert sie, dass Isabella alles mit den Händen isst. Isabella nimmt an Gewicht zu und spielt in der Kita erstmals ausgelassener. Es ist für Sandra ein berührender Moment, als Isabella beim gemeinsamen Frühstück zu ihr kommt und ihr unbedingt etwas von ihrer Brotzeit abgeben möchte. Als Sandra das angebotene, schon recht matschige Birnenstück probiert, lacht Isabella und sagt: „Mhmmm, sooo lecker!"

Durch die Beobachtung von anderen Kindern, die ein bestimmtes Nahrungsmittel sichtlich genießen, steigt auch die eigene Bereitschaft, das dargebotene Nahrungsmittel zu probieren. Dies erklärt den positiven Effekt, den Fachkräfte immer wieder beobachten: In der Kita verhalten sich viele Kinder gegenüber Nahrungsmitteln grundsätzlich offener als zu Hause (Siegler et al. 2016).

Auch zu Hause hat sich die Essenssituation deutlich entspannt. Der Vater bringt sich wieder aktiv ein. Dass Isabella insbesondere bei väterlicher Anwesenheit neue Nahrungsmittel probiert, die sie früher kategorisch abgelehnt hat, macht den Vater sichtlich stolz. Dies wiederum entlastet die Mutter, allein verantwortlich für Isabellas Ernährung und Gewichtszunahme zu sein.

Kinder, deren Eltern sich wenig kontrollierend beim Essen verhalten, die also lediglich darauf achten, was angeboten wird, nicht jedoch die Menge bestimmen, entwickeln eine positive Beziehung zu Nahrung sowie ein gesundes Essverhalten (Siegler et al. 2016). Es ist wertvoll, wenn pädagogische Fachkräfte Eltern in diesem Sinne sensibilisieren und zu einer nicht-kontrollierenden Essensbegleitung beraten.

Impulse für Elterngespräche

▷▶▷ Wenn Kinder schlecht gedeihen, wenn sie wenig essen und appetitlos wirken, so führt dies in aller Regel dazu, dass sich Eltern sorgen. Denn sie fühlen sich verantwortlich für das Wachsen und Gedeihen ihrer Kinder. Eltern müssen aber nicht alles alleine schaffen. Die erste Anlaufstelle ist immer der Kinderarzt, die Kinderärztin.

▷▶▷ Es gibt Kinder, die neue Nahrungsangebote gerne annehmen. Ebenso gibt es Kinder, die neue Nahrungsmittel grundsätzlich ablehnen. Die Reaktion der Erwachsenen ist entscheidend: Geraten diese darüber in Aufregung oder wird mit sehr viel Druck versucht, das Kind zum Essen zu überreden, so führt dies meist zu einer Verweigerung. Kinder müssen neue Nahrungsangebote oftmals immer wieder angeboten bekommen, und eine Ablehnung sollte idealerweise keine sichtbare Enttäuschung auslösen. Diese ruhige, gelassene Reaktion führt oftmals dazu, dass die Kinder sich sicher und angenommen fühlen, was wiederum ihre Bereitschaft, etwas Neues zu probieren, erhöht.

▷▶▷ Kinder sind sehr unterschiedlich in ihrem Essverhalten. Manche Kinder lieben Brei, andere Kinder können damit überhaupt nichts anfangen. Manche Kinder können sich früh mit festerer Nahrung auseinandersetzen, bei anderen dauert es länger. Natürlich ist es wichtig, dass ein Kind gesund ernährt wird, an Gewicht und Länge zunimmt. Aber ebenso bedeutsam ist, dass Kinder Freude und Genuss am Essen entwickeln.

▷▶▷ Wenn Kinder nur dann essen, wenn man sich sehr viel Mühe gibt oder wenn man sie ablenkt, so gilt es zu überdenken, inwieweit die Nahrungsaufnahme als selbstbestimmter Akt umgangen wird. Man kann Kinder nicht zum Schlafen, Essen und Trinken zwingen – es sei denn, es wird Gewalt angewendet. Ebenso wenig kann man sie dazu zwingen, nasse Windeln zu produzieren. All diese Bereiche unterliegen der kindlichen Autonomie. Je mehr Druck in diesen Situationen aufgebaut wird, desto mehr Widerstand kann sich dabei entwickeln.

▷▶▷ Wenn sich Kinder sehr beobachtet beim Essen fühlen, so kann dies manchmal dazu führen, dass sie weniger essen oder sogar beginnen, das Essen zu verweigern. Sich selbst einmal in diese Perspektive hineinzuversetzen, kann hilfreich sein. Wie würde man sich selbst dabei fühlen, wenn jemand anderes genau kommentiert und beobachtet, wie viel man von einem Nahrungsmittel gegessen hat? Vielleicht würde man sich sehr unwohl fühlen und die Essenssituation rasch beenden.

▷▶▷ Wenn Kinder ausreichend zunehmen, wenn sie Energie zum Spielen und Toben haben, wenn sie eine gewissen Varianz im Essverhalten aufweisen und wenn sie gerne essen, so sind dies sichtbare Zeichen dafür, dass das Kind sein Essverhalten bereits gut für sich gestalten kann.

ETHAN – WENN SICH ERSTGEBORENE NICHT VON DER WINDEL LÖSEN KÖNNEN

Hier geht es um die folgenden Themen:

- Geburt des zweiten Kindes und Auswirkungen auf das Familiensystem
- Regressives Verhalten des Erstgeborenen
- Feinfühlige Gestaltung von Windelfreiheit im Kindergartenalter
- Was Ausscheidungen mit der Autonomieentwicklung zu tun haben

Ethan, 3 Jahre und sieben Monate alt, ist in seiner Kindergartengruppe inzwischen das einzige Kind, das noch eine Windel braucht. Ethan wurde vor drei Monaten großer Bruder von Baby Lilian. Heute findet das Entwicklungsgespräch mit Erzieher Florian statt. Laut den Eltern ist Ethan sehr liebevoll im Umgang mit seiner Schwester. „Wo ist Lilian?“, so lautet am Morgen seine erste Frage. Eifersucht auf das Baby spielt im neuen Familienalltag kaum eine Rolle – sehr zur Überraschung der Eltern. Auch im Kindergarten hat sich ihr Sohn sehr gut eingefunden. Er ist ein beliebter Spielpartner, kann sich behaupten und gleichzeitig Rücksicht auf andere nehmen.

Die Windelsituation wird zu Hause sowie im Kindergarten wie folgt gehandhabt: Wenn Ethan „Pipi“ muss, so bemerkt er dies meist schon rechtzeitig. Manchmal geht er alleine auf die Toilette. Manchmal wünscht er sich eine Begleitung dabei, und manchmal gibt es nasse Unterwäsche. Ethan trägt nachts sowie tagsüber keine Windel mehr. Wenn er jedoch „poo-poo“ muss, so will er unbedingt eine Windel tragen und zieht sich damit in eine ruhige Umgebung zurück. Im Anschluss daran lässt er sich ohne Schwierigkeiten von „poo-poo“ reinigen. Natürlich haben die Eltern schon häufig versucht, ihn für die Nutzung der Toilette zu gewinnen und auf die Windel zu verzichten – bis jetzt erfolglos.

Florians Gedanken hierzu sind: „Ethan hat zwei wichtige Übergänge geschafft. Er ist ein Kindergartenkind und außerdem großer Bruder geworden. Dass er nun vielleicht keine weiteren Ressourcen dafür hat, nun sehr rasch auch vollständig windelfrei zu werden, kann man – aus dieser Perspektive betrachtet – durchaus nachvollziehen. Außerdem wird Lilian gewickelt. Dass er weiterhin eine Windel verlangt, hat sicherlich auch damit zu tun: ‚Auch ich bin noch klein, vergesst das bitte nicht.' Es ist vielleicht ein kindlicher Versuch, auf sich aufmerksam zu machen." Diese Einschätzung entlastet die Eltern sehr. Es wird vereinbart, dass Ethan weiterhin eine Windel erhält, wenn er danach verlangt. Auf Diskussionen oder Überredungsversuche wird vollständig verzichtet. Wenn Ethan von sich aus die Toilette nutzt, so können die Erwachsenen dies wertschätzend kommentieren, ohne ihn dabei jedoch überschwänglich zu loben. Wenn es Ethan nicht rechtzeitig geschafft hat, so entlasten ihn die Erwachsenen: „Manchmal ist es gar nicht so einfach, sein Spiel zu unterbrechen, oder? Das kann einfach passieren." Diese einheitliche Vorgehensweise von Elternhaus sowie Kindergarten macht sich bald bemerkbar. Die nassen Hosen sind deutlich weniger geworden. Es dauert noch einige weitere Wochen, geprägt von Geduld und Verständnis, bis sich Ethan erstmals traut, „poo-poo" in die Toilette zu machen. Danach ist ein Bann gebrochen und Ethan ist nach diesem Erlebnis vollständig windelfrei.

Kinder, die überwiegend selbstständig die Toilette benutzen, sind weniger auf pflegerische Assistenz der Erwachsenen angewiesen, was ihre Autonomieentwicklung deutlich vorantreibt. Mit jedem selbstständigen Toilettengang können sie auch ihre Selbstständigkeit unter Beweis stellen. Ereignisse wie die Geburt eines Geschwisters nehmen häufig Einfluss auf die Fähigkeit des Kindes, die eigene Selbstständigkeitsentwicklung voranzutreiben. So verhalten sich viele Kinder in den Wochen vor sowie nach der Geburt ihres Geschwisterkindes tendenziell regressiver, trennungsängstlicher und sind deutlich mehr auf die elterliche Co-Regulation angewiesen.

Impulse für Elterngespräche

- „Windelfrei" zu werden ist ein großer Entwicklungsschritt. Es gibt hier sehr große individuelle Unterschiede zwischen Kindern. Auf der Toilette, auf dem Töpfchen loslassen zu können, gelingt am besten, wenn man entspannt ist und wenig Erwartungsdruck von außen wahrnimmt.

- Der Entwicklungsschritt „windelfrei" kann länger dauern, wenn zeitgleich weitere Übergänge stattfinden. Der Übergang in den Kindergarten. Oder die Geburt eines Geschwisterkindes. Ist ein Kind emotional in einem anderen Bereich sehr gefordert, so hat es möglicherweise zu wenig Ressourcen, um sich zugleich von der Windel zu verabschieden.

- Kinder können von einem Tag auf den anderen komplett „windelfrei" sein. Bei anderen ist es mehr ein fließender Übergang, geprägt von Fort- und ebenso Rückschritten.

- Kinder möchten ihre Eltern in aller Regel zufriedenstellen. Dies ist eine grundlegende Motivation von Kindern. Wenn etwas also nicht sofort gelingt oder länger dauert, so kann es eine stärkende Beziehungserfahrung sein, wenn die Eltern bereit dazu sind, kindliche Umwege als wichtig und bedeutsam für das Kind zu verstehen.

- Ein kindliches Verhalten verstehen zu wollen, es weniger zu bewerten, ist immer ein guter Ansatzpunkt.

▷▶▷ Windelfrei zu werden, darf immer auch kreative Lösungsansätze beinhalten. Man darf dem Kind auf der Toilette vorlesen oder sich mit ihm dabei unterhalten. Man darf auch eine Windel in das Töpfchen legen, sodass die Ausscheidungen davon zunächst noch aufgefangen werden.

▷▶▷ Das frühere Topf-Training gilt als veraltet und nicht förderlich für die kindliche Entwicklung. Es ist unsere Vorgehensweise, dass wir Kinder wickeln. In vielen Kulturen dieser Welt werden Babys abgehalten, was als „Windelfrei" oder „elimination communication" bezeichnet wird. Es ist überraschend zu erleben, wie gut das Abhalten klappt und die Windelberge erheblich schrumpfen. Babys zeigen nämlich an, wenn sie „müssen": Durch Bewegungen, ein spezielles Weinen usw.

▷▶▷ Wird ein Kind von Anfang an gewickelt, so gilt es später das zu lernen, was man Blasen-/Darmkontrolle nennt. Wie man aus Forschung und Praxis weiß, gibt es große Unterschiede, wann Kinder so weit sind. Manche Kinder brauchen insgesamt länger, bis sie dazu bereit sind, aber sind dann rasch „windelfrei". Andere Kinder fangen früher an, brauchen aber länger bis zum Ziel „Alltag ohne Windel". Dieser Entwicklungsschritt fällt zudem in die Autonomiephase, was dazu führt, dass die Kinder oftmals sehr heftig Dinge verteidigen, die ihnen wichtig sind. Dazu kann auch die Windel gehören.

JUNO – KINDLICHE AGGRESSION ALS REAKTION AUF ELTERLICHES VERHALTEN

Hier geht es um die folgenden Themen:

- Entstehung von kindlicher Aggression und emotionale Co-Regulation
- Effekte von Strafen und einem autoritären Erziehungsverhalten
- Ausgrenzung eines Kindes in der Kindergruppe
- Kindeswohl und Vernetzung von Fachkräften
- Erziehungskonflikte und Familiendynamik
- Stärkung von Eltern im Umgang mit Eltern-Kind-Konflikten

Juno, dreieinhalb Jahre, macht dem pädagogischen Team schon seit Wochen Sorgen. Sobald es offensichtlich nicht nach ihren Wünschen oder Vorstellungen geht, greift sie auf aggressive Strategien zurück. Sie schubst oder haut nach anderen Kindern. Immer häufiger kommt es zu Bissverletzungen, wobei die geschädigten Kinder häufig intensiv weinen. Juno verhält sich im Anschluss an diese Szenen ruhig. Sie zieht sich in eine Spielecke zurück oder spielt dort einfach weiter. In ihrer sprachlichen Entwicklung hinkt sie hinterher, was das Führen eines Gesprächs darüber erheblich erschwert. Auch die Eltern sind ratlos und fühlen sich mehr oder weniger ohnmächtig im Umgang mit ihrer kleinen, wilden Tochter.

Juno, darüber herrscht im Team Einigkeit, ist ein mutiges, unerschrockenes Kind, das motorisch sehr gut entwickelt ist. Sie ist äußerst bewegungsfreudig und wirkt nach intensiven Bewegungsrunden ruhiger und ausgeglichener. Im Austausch mit den Eltern zeigt sich, dass diese inzwischen immer strenger mit ihrer Tochter umgehen. Wenn sich Juno aus Sicht der Eltern „daneben" benimmt, so schicken sie das Kind aus dem Zimmer und ordnen Auszeiten an. Strafen sind das erzieherische Mittel der Wahl, wie beispielsweise der Entzug von Gummibärchen. Auch Spielsachen, die Juno mag, muss sie abgeben. Diese werden für mehrere Tage in einen Schrank gesperrt. Erst wenn Juno wieder „lieb“ ist, erhält sie Süßigkeiten oder Spielzeug. Mittlerweile ist ein unbefriedigender Kreislauf bestehend aus Sanktionen sowie Versuchen von Wiedergutmachung entstanden.

Die Eltern geben im Gespräch mit der Kindergartenleitung offen zu, dass sie sich überfordert mit der Erziehung ihrer Tochter fühlen. So ist es ihrer Meinung nach wichtig, dass Juno bestraft wird, aber gleichzeitig scheinen diese Strafen nicht die erwünschte Wirkung zu haben. Im Gegenteil – es wird, so lautet das elterliche Fazit, „schlimmer und schlimmer“ mit ihr. Auch die Kindergartenleitung hat den Eindruck, dass Juno sich immer grenzenloser verhält. Viele Kinder scheinen bereits Angst vor ihr zu haben und weichen ihr aus. Juno erlebt immer häufiger, dass sie von den anderen Kindern abgelehnt und ausgegrenzt wird. Diese Erfahrungen erhöhen ihr aggressives Verhalten und den Wunsch nach Anerkennung noch mehr.

Serotonin, Hormon sowie Neurotransmitter, nimmt Einfluss darauf, inwieweit die Regulierung von Aggression gelingt. Die persönliche Wahrnehmungsfähigkeit von aggressiven Impulsen bleibt davon unbeeinflusst.

Serotonin hat jedoch eine hemmende Wirkung, sodass aggressive Intentionen zurückgehalten oder zumindest in ihrer Intensität gezügelt werden. Eine verringerte Freisetzung von Serotonin – z. B. ausgelöst durch frühkindliche Stresserfahrungen – kann langfristig die Fähigkeit, aggressives Problemverhalten selbstbestimmt zu regulieren, deutlich unterminieren (Strüber 2019).

In einem weiteren Gespräch bitten die Eltern konkret um Hilfestellung. Die Leitung empfiehlt eine örtliche Beratungsstelle, die Eltern nach dem familiensystemischen Ansatz berät. Dass der Kindergarten diese Beratungsstelle schon häufig empfohlen hat und hilfesuchende Eltern dort gut und kompetent beraten wurden, ist für beide Elternteile motivationsfördernd. Schon bald beginnt ein längerer Beratungsprozess und es zeigen sich positive Veränderungen im Erziehungsverhalten. Die Eltern verhalten sich ruhiger und zugänglicher. Sie reden mehr mit ihrer Tochter, versuchen Verbote und Entscheidungen zu begründen und ebenso Alternativen zu finden. Dies schlägt sich rasch im Verhalten von Juno nieder. Sie macht plötzlich sprachliche Fortschritte und verhält sich im Kontakt mit anderen Kindern wieder etwas umgänglicher und kooperativer.

Peers

Peers sind jeweils Menschen, die sich in einem ähnlichen Alter befinden. Der Altersunterschied beträgt lediglich Wochen oder einige Monate. Die geringe Heterogenität in Bezug auf das Alter unterstützt das Gestalten einer gleichberechtigten Beziehung in aller Regel positiv (Siegler et al. 2016).

Seitdem sich Juno besser verständigen kann, hat das Beißen vollständig aufgehört. Diese positive Entwicklung macht die Eltern stolz. Es beruhigt sie, dass Juno sich in wünschenswerte Richtung entwickelt. Die Fortschritte motivieren sie, weiter die Erziehungsberatungsstelle zu besuchen. Was weiterhin als Verhalten bleibt, sind das Hauen und Schubsen. Die Leitung berichtet den Eltern, wie das Kindergartenteam mit diesen Situationen umgeht: „Wir verzichten vollständig auf Schimpfen, Bestrafen oder sonstige Sanktionen, wie z. B. Auszeiten. Wenn es erforderlich ist, so trösten wir das betroffene Kind und sprechen dann kurz mit Juno über diese Situation. Manchmal kann sie schon sehr gut erklären, warum sie gehauen hat. Sie will vielleicht ein Spielzeug alleine haben oder sagt, dass sie nicht mitspielen durfte. Das macht sie wütend. Dass sie erstmals über ihre Gefühle spricht, ist ein großer Fortschritt. Wir ermutigen sie dazu. Manchmal will sie sogar kurz in den Arm genommen werden. Auch das ist neu. Sie lehnt sich kurz an und sagt, dass es ihr leidtut. Immer häufiger gelingt es ihr, sich bei dem Kind zu entschuldigen, und wir unterstützen sie dabei. Wir sehen hier auf alle Fälle deutliche Fortschritte und Verbesserungen im sozialen Verhalten".

Die Eltern sind überrascht davon, dass sich der Kindergarten so intensiv mit Junos Verhalten beschäftigt. Dass es besser ist, auf Schimpfen, Schreien und sinnlose Verbote zu verzichten, haben die Eltern bereits in der Erziehungsberatungsstelle gehört. Aktuell arbeiten sie mit der Beraterin daran, wie sie gelassener mit ihrer Tochter umgehen können, insbesondere dann, wenn Juno sich nicht an Regeln hält oder diese infrage stellt. Auch die Beraterin hat empfohlen, Körperkontakt und Nähe anzubieten, Gefühlen Raum zu geben und ein vernünftiges Gespräch anzustreben. Dabei sollen durchaus Erwartungen formuliert werden: „Ich möchte nicht, dass du einem anderen Kind wehtust." Zugleich sei es wichtig, dass die Erwachsenen einen Perspektivwechsel anstoßen: „Wie würdest du dich fühlen, wenn man dir ein Spielzeug einfach wegnimmt?" Außerdem sei es ebenso wichtig, auch Juno ausreichend Verständnis entgegenzubringen: „Natürlich ist es schwierig, zu teilen." Über Lösungen und Alternativen zu sprechen, bildet den Gesprächsabschluss – dieses Vorgehen wird immer wieder mit den Eltern besprochen.

Dass Kindergarten und Beratungsstelle Ähnliches empfehlen, überzeugt die Eltern, sich von ihrem autoritären Erziehungsstil zu lösen. In den nächsten Wochen durchlaufen Junos Eltern eine wunderbare Metamorphose. Sie versuchen sehr konkret, die Empfehlungen umzusetzen. Das einheitliche Vorgehen von Kindergarten und Elternhaus tut Juno sichtlich gut. Sie ist ausgeglichener. Sie ist nach wie vor durchsetzungsstark und sucht Konflikte mit anderen Kindern. Aber diese trägt sie nun freundlich und spielerisch aus. Sie kann eine „Niederlage" wesentlich besser verkraften. Sie schafft es immer häufiger, sich von einem Wunsch oder Bedürfnis zu distanzieren. Sie sucht selbst aktiv nach alternativen Beschäftigungsmöglichkeiten, wenn ein Spielzeug gerade nicht frei ist. Inzwischen ist Juno eine beliebte Spielpartnerin geworden. Mit ihrem aktivierenden Spielstil gelingt es ihr auf positive Weise, die anderen Kinder kompetent für ein lustiges, gemeinsames Spiel zu gewinnen. Sie erhält Einladungen zu Kindergeburtstagen. Team und Eltern sind sehr glücklich über diesen Entwicklungsverlauf.

Warum verhalten sich bereits kleine Kinder aggressiv?

Bereits einjährige Kinder können aggressives Verhalten zeigen: Sie agieren dies noch rein körperlich aus, indem sie anderen etwas aus der Hand reißen. Um den zweiten Geburtstag herum – mit dem Voranschreiten der Autonomiephase – können Verhaltensweisen wie beißen, hauen oder zwicken zunehmen. Kinder dieser Altersgruppe agieren nach wie vor sehr „Ich-bezogen", da ihnen ein Perspektivwechsel noch nicht möglich ist (› Kapitel 3.1). Kindergartenkinder erobern sich weitere Fertigkeiten: Sie beherrschen die Kunst der verbalen Attacke, indem sie andere beleidigen und mit Worten persönliche Grenzen überschreiten. Bei einer sozial kompetenten Entwicklung kommt es im Verlauf der Kindheit zu einer deutlichen Abflachung von aggressiven Affekten. Im Vorschul- und späteren Grundschulalter verhalten sich Kinder nun deutlich weniger feindselig und ihre Impulskontrolle reift kontinuierlich weiter (Strüber 2019, Siegler et al. 2016).

Diese entwicklungspsychologischen Befunde relativieren unangemessene Erwartungen an Kinder. Es veranschaulicht außerdem, dass das Ausagieren von aggressiven Impulsen in der frühen Kindheit ausreichend Raum und einen verständnisvollen Umgang erforderlich macht. Bei Kindern, die überdauernde Schwierigkeiten in ihrer Impulskontrolle haben, können frühkindliche Stresserfahrungen ursächlich sein. Emotionale und körperliche Gewalt zählen hierzu. Aber auch das beständige Frustrieren von Kindern in ihrem basalen Grundbedürfnis nach Sicherheit, Liebe und Anerkennung zählt dazu.

Impulse für Elterngespräche

- ▷▶▷ Viele Kinder zeigen zwischen zwei und vier Jahren aggressives Verhalten. Das ist grundsätzlich gut so: Kinder sollen lernen, sich durchzusetzen und sich zu verteidigen. Was kleine Kinder jedoch in aller Regel lernen müssen: Dass sie das Gegenüber und dessen Absicht einschätzen lernen. So ist es überhaupt nicht sinnvoll, die Welt durchgängig durch eine „aggressive Brille" zu betrachten. Also müssen die Erwachsenen Konflikte zwischen den Kindern moderieren und diese im Finden von Lösungen unterstützen.

- ▷▶▷ Wenn man Kinder bei unerwünschtem Verhalten stets beschimpft, beschuldigt, beleidigt oder anfeindet, so können sie wenig bis gar nichts darüber lernen, wie sie sich beim nächsten Mal anders verhalten können.

- ▷▶▷ Schon im Kleinkindalter ist es wichtig, dass man mit Kindern ruhige und vernünftige Gespräche führt. Diese müssen entwicklungsgerecht sein. Hierbei gilt: Je jünger ein Kind ist, desto kürzer wird das Gespräch sein.

- ▷▶▷ Eltern sollten schon früh mögliche Gefühle benennen und dem Kind spiegeln. Ab dem Kindergartenalter und dem Voranschreiten der sprachlichen Entwicklung wird das Kind immer mehr seine Perspektive einbringen. Es wird von sich aus Lösungen und Alternativen benennen und sollte von Eltern dabei unbedingt ermutigt werden.

- Verständnisvolle Gespräche über Konflikte sowie „unerwünschtes“ Verhalten sind für Kinder extrem wichtig. Dies vermittelt dem Kind Sicherheit, und diese Erfahrung wiederum ermöglich es, sich besser auf neue Lerninhalte einlassen.
  Wenn ein Kind regelmäßig hört, was Angst, Stolz, Aufregung oder Freude sind, so kann es in seinem Gehirn entsprechende Kategorien für Gefühle entwickeln. Das fördert emotionale Intelligenz.

- Kinder lernen am Modell der Erwachsenen. Besonders viel lernen sie dabei von ihren engsten Bindungs- und Bezugspersonen. Natürlich ist es wichtig, dass eine Form von Erziehung stattfindet. Allerdings – und dies wird häufig übersehen – vermitteln Bezugspersonen am allermeisten dadurch, wie sich im Umgang mit dem Kind verhalten.

- Eine verlässliche Bindungsperson bietet dem Kind ein hohes Ausmaß an Orientierung und Verlässlichkeit. Diese Person hält auch bereitwillig starke Gefühle des Kindes aus. Sie formuliert ebenso Anforderungen oder macht deutlich, dass sie mit einem Verhalten nicht einverstanden ist. Ein schwieriges Verhalten des Kindes stellt jedoch niemals die Bindungsbeziehung infrage. Vielmehr festigt sich die Bindungsbeziehung durch das beständige Bewältigen von Konflikten.

NOAH – AUF DER SUCHE NACH FREUNDSCHAFT

Hier geht es um die folgenden Themen:

- Soziale Ängste und emotionale Co-Regulation
- Die Rolle der Peers
- Wenn Kinder ungerne in den Kindergarten gehen
- Trennungsängste im Kindergartenalter
- Entwicklung von Freundschaften im Kindergartenalter

Noah ist vier Jahre alt. Er wird ohne Geschwister groß. Am Entwicklungsgespräch nehmen beide Eltern teil. Die Eltern erfahren, dass ihr Kind aufmerksam zuhört, stets gut auf die Grenzen von anderen achtet. Noah beobachtet soziale Situationen, anstatt sich selbst aktiv daran zu beteiligen. Sich an Gruppenaktivitäten zu beteiligen, ist selten für ihn möglich. Er gehört zu den Kindern, die als Letztes gebracht und als Erste wieder abholt werden. Nähern sich ihm andere Kinder, so fühlt sich Noah schnell verunsichert. Er wendet sich dann meist hilfesuchend an die Fachkräfte. Er beklagt sich niemals über andere Kinder, auch dann nicht, wenn sich diese Noah gegenüber distanzlos verhalten haben. Noah hat bislang noch keine Freunde im Kindergarten gefunden. Er erhält keine Einladungen zu einem Kindergeburtstag. Er spielt meist allein, beobachtet oder orientiert sich an den Erwachsenen.

Seine Bereitschaft, in den Kindergarten zu gehen, ist schwankend. Vor einigen Wochen, so berichten die Eltern, gab es eine sehr schwere Phase. Noah weinte jeden Morgen und wollte überhaupt nicht in den Kindergarten gehen. Auch von Seiten des Kindergartens wird Noah selten heiter oder fröhlich erlebt. So scheint er die Zeit dort eher „abzusitzen", hoffend, dass seine Eltern ihn bald durch ihr Wiederkommen „erlösen". Dass Noah bislang keinen Anschluss im Kindergarten gefunden hat, sorgt die Eltern. Sie beschreiben ihren Sohn als scheues, introvertiertes Kind. Im Kleinkindalter sei er den Eltern kaum von der Seite gewichen. Regelmäßig mussten die Eltern mit ihrem Kind vorzeitig die Familienfeier, den Musikkurs oder das Kinderturnen verlassen, da Noah intensiv zu weinen begann und sich sehr unwohl fühlte.

Erzieher Marten hört den Eltern aufmerksam zu. Sehr wertschätzend fasst er den Bericht der Eltern zusammen: „Noah war also schon immer ein Kind, dessen Radius eher klein war. Noah spielte schon früh selbstständig und ruhig. Er kann sich bis heute gut alleine beschäftigen, entwickelt dabei sehr kreative Spiele. Er bastelt und malt gerne und wirkt während dieser Tätigkeiten zufrieden. Noah fühlt sich unwohl, wenn er soziale Beziehungen gestalten sowie Teil einer Gruppe werden soll. Je lauter und unübersichtlicher eine Spielsituation ist, desto gestresster reagiert Noah darauf. Wenn Kinder wild und stürmisch miteinander interagieren, so versuchen wir stets, dass jemand Noah gut im Blick behält. Wenn sich Erwachsene um ihn kümmern, wirkt Noah viel ruhiger. Wir sehen aber auch, dass er den spielenden Kindern häufig einen sehnsuchtsvollen Blick zuwirft und sich zu fragen scheint, wie er ein Teil dieser Gruppe werden könnte."

Kinder, die Auffälligkeiten in ihrer sozio-emotionalen Entwicklung aufweisen, die sich aggressiv aber auch ängstlich-zurückgezogen verhalten, gelingt es weniger gut, die Gefühle anderer zu erkennen. Altersgenossen, die den Gesichtsausruck anderer rasch interpretieren können, sind kompetenter im Umgang mit ihren Peers (Strüber 2019).

Es wird entschieden, die soziale Entwicklung von Noah in den Mittelpunkt des Gesprächs zu rücken. Noahs Vater beschreibt sich selbst als introvertiert und zurückhaltend. Er kann seinen Sohn gut verstehen, zugleich möchte er ihm dabei helfen, seine Scheu vor anderen abzulegen. Noahs Mutter verbringt gerne Zeit mit anderen Menschen und wird von ihrem Mann als gute, kompetente Netzwerkerin beschrieben. Beide Elternteile sprechen wertschätzend über ihre unterschiedlichen Persönlichkeiten, was Marten positiv empfindet: „Ein Kind lernt auf diese Weise am Modell der Eltern, dass es vollkommen in Ordnung ist, unterschiedlich zu sein. Wenn es Noah gelingt, ein bisschen mehr aus sich herauszugehen, seine kreativen Spielideen aktiv einzubringen, so wird er bestimmt schnell eine andere Akzeptanz in der Kindergruppe erfahren."

Die Mutter berichtet davon, dass sie schon länger andere Kinder nach Hause einladen wollte. Da Noah dies jedoch nie wollte, akzeptierte die Mutter seinen Wunsch. Marten unterstützt die Idee der Mutter, sich mit anderen Eltern zu vernetzen, was sie sehr ermutigt.

Schon bald entwickelt sich zwischen der Mutter von Noah und der Mutter von Clara, einem Mädchen, das erst vor Kurzem in die Gruppe gekommen ist, eine gute und rege Kommunikation. Die Treffen außerhalb des Kindergartens verlaufen zwischen den Kindern zunächst sehr zögerlich, aber die beiden Mütter lassen sich davon nicht aus der Ruhe bringen. Nach mehreren Anläufen entwickelt sich zwischen Clara und Noah erstmals ein Spiel, was beiden Kindern sichtlich Freude macht.

Mit Clara an seiner Seite wird Noah in den nächsten Wochen und Monaten zunehmend mutiger und gelöster. Er spielt gerne mit Clara, braucht aber regelmäßig auch seine „Einzelspielzeit", was Clara gut akzeptieren kann. Noah orientiert sich nun weniger an den Bezugspersonen im Kindergarten. Er nimmt aktiver am Gruppengeschehen teil. Noah meidet nach wie vor Spielsituationen, die auf ihn unübersichtlich wirken sowie ein schnelles Reagieren erforderlich machen. Inzwischen kann er darüber sprechen, was ihn daran so stört: „Mir ist das zu laut. Ich mag lieber, wenn man ruhiger spielt" – und diese Meinung kann Noah durchaus selbstbewusst vertreten. Bald hat sich die Freundschaft mit Clara gefestigt. Beide Kinder sind jedoch gut in der Lage, auch immer häufiger mit anderen Kindern zu spielen oder diese an ihrem gemeinsamen Spiel teilhaben zu lassen.

Warum sind Kinderfreundschaften so wichtig?

Peers sind für die kindliche Entwicklung hochbedeutsam, da Regeln häufig gemeinsam erarbeitet und festgelegt werden. Kinder trauen sich gegenüber Gleichaltrigen meist eine kritischere Position einzunehmen, deren Motive zu hinterfragen und sich ein gemeinsames Verständnis zu erarbeiten. Hier findet eine besondere Qualität von wechselseitigem Lernen statt, das Erwachsene aufgrund ihres Alters- und Reifevorsprungs nicht anbieten können. Je älter Kinder werden, desto mehr können sie sich gegenseitig auch emotional beistehen und unterstützen.

Ab dem ca. dritten Lebensjahr drücken Kinder immer deutlicher Präferenzen im Umgang miteinander aus und wählen „beste Freundinnen" und „beste Freunde". Diese Freundschaften können auf kürzere Zeiträume begrenzt sein oder bereits überdauernden Charakter haben. Zwischen befreundeten Kindern findet positive Interaktion sowie Kooperation statt, und der Kontakt ist dabei deutlich besser als zwischen Kindern, die keine freundschaftliche Beziehung zueinander aufgenommen haben. Interessanterweise zeigt sich zwischen befreundeten Kindern oftmals auch ein höheres Konfliktniveau, das durchaus auch körperlich ausagiert werden kann. Die konstruktive Auflösung der Konflikte gelingt jedoch. Dies fördert positive Gefühle von Verbundenheit sowie Toleranz (Siegler et al. 2016).

Impulse für Elterngespräche

- Introvertierte Kinder spielen häufig zufrieden für sich allein. Dies ist ihre große Stärke.

- Introvertierte Kinder geraten in sozialen Situationen deutlich schneller unter Stress als Kinder, die mehr Gelassenheit im Kontakt mit ihren Peers empfinden. Kinder sind sehr unterschiedlich in ihren Persönlichkeiten, das sollte man völlig wertfrei so anerkennen.

- Offene, kontaktfreudige Kinder suchen förmlich den Kontakt mit anderen. Introvertierte Kinder „tauen“ langsamer auf. Drängt man diese Kinder, so ziehen sie sich noch mehr zurück und geraten unter Stress. Akzeptanz, Verständnis und Annahme sind für diese Kinder besonders wichtig, um soziale Ängste nicht noch mehr zu verstärken.

- Eltern von scheuen Kindern sind insgeheim oft traurig darüber, welche „Chancen“ sich ihr Kind entgehen lässt. Sie wünschen sich sehr, dass ihr Kind endlich versteht, was es alles erleben könnte, wenn es nur über seinen Schatten springen würde. Natürlich darf man Kindern etwas zutrauen, aber genauso wichtig ist, sich immer wieder bewusst zu machen, dass Entwicklung lebenslänglich stattfindet. Ein Kind hat unendlich viel Zeit für seine persönliche Weiterentwicklung.

- Introvertierte Kinder sind meist sehr exklusiv in ihrem Freundschaftsverhalten. Sie haben ein bis zwei gute Freundschaften und sind damit zufrieden.

- Im Kindergartenalter steht die Aufnahme von Freundschaften im Mittelpunkt. Die pädagogischen Fachkräfte sind weiterhin wichtig und unterstützen. Aber zugleich verlieren sie mit jedem weiteren Kindergartenjahr etwas an Bedeutung.

- Sobald ein Kind eine gute Freundschaft aufgenommen hat, erfährt es auch dort Beständigkeit und Sicherheit. Auf diese Weise können sich die Kinder bei kleineren Herausforderungen gegenseitig unterstützen und regulieren. Dies wiederum unterstützt in der Selbstständigkeitsentwicklung.

- Kinderfreundschaften können nicht erzwungen werden. Aber die Erwachsenen können Bedingungen schaffen, die deren Aufnahme erheblich erleichtern. Im lauten Getümmel am Spielplatz oder im Kindergarten kann es gerade für zurückhaltende Kinder schwer sein, sich auf das Gegenüber einzulassen. Also ist es gut, wenn Eltern sich darum kümmern, dass ein Treffen zum Spielen und Kennenlernen in einer ruhigeren Atmosphäre stattfinden kann.

Fazit

Familien sind komplexe Systeme. Kommunikation und wechselseitige Einflussnahme finden beständig statt, selbst dann, wenn nicht (mehr) miteinander gesprochen wird. Für Außenstehende kann die Funktionalität eines Familiensystems beeindruckend sein und die überraschende Erkenntnis bereithalten, dass es vielfältige Wege gibt, um ein positives Familienklima herzustellen. Dass die Mitglieder eines Familiensystems ebenso an dysfunktionalen Strategien festhalten können, zudem weder Einsicht noch Lösungsorientierung zeigen, darf als Tatsache ebenso benannt werden. Dies macht die Arbeit mit Familien natürlich herausfordernd, da es keine Standardlösungen gibt. Die Arbeit mit Familien ist jedoch niemals von Monotonie, sondern stets von neuen Einsichten geprägt.

Wie die Fallbeispiele beginnend mit Yoshiko und endend mit Noah zeigen, können Bezugspersonen in Kita, Krippe und Kindertagespflege sowohl den Eltern als auch den Kindern neue Beziehungserfahrung ermöglichen, indem sie neutral, wertschätzend und ressourcenorientiert von außen auf die Familiendynamik blicken. Da sie selbst eben nicht Teil des Familiensystems sind, kann es ihnen auf hervorragende Weise gelingen, den Eltern wertvolle Impulse für die weitere familiäre Entwicklung mitzugeben. Ein gutes Gespräch mit Eltern bedeutet sicherlich nicht, dass ein schwieriges Verhalten sofort aufhört oder eine Auflösung aller Probleme gelingt. Ein gutes Gespräch mit Eltern ermuntert diese, etwas über sich selbst sowie ihre Kinder zu lernen, sodass auf diese Weise eine Stärkung der Eltern-Kind-Beziehung (wieder) möglich wird.

2.3 Neubeginn, Abschied und Veränderung: Übergänge beziehungsbezogen begleiten

Bereits vor ihrer Einschulung verbringen Kinder hierzulande einen beachtlichen Teil ihrer Kindheit in pädagogischen Einrichtungen. In manchen Familien findet ein ausgewogenes Maß an Familienzeit und außerfamiliärer Betreuung statt. Andere Kinder wiederum verbringen an Wochentagen mehr Zeit mit pädagogischen Fachkräften als mit ihren Eltern. Die außerfamiliäre Betreuung ist hierbei kein statisches Konstrukt, sondern ist im Lauf der Jahre immer wieder Veränderungen unterworfen. Dies gilt u.a. für die Gestaltung von Bring-, Abhol-, Ferien- sowie Buchungszeiten.

Neben diesen alltagspraktischen Fragen gibt es in Familien außerdem kleinere und größere Übergänge, deren Bewältigung ein flexibles Handeln erforderlich macht. Familiensysteme sind kein statisches Gebilde, sondern befinden sich in einem beständigen Prozess der Weiterentwicklung: Familien können größer werden, wenn ein weiteres Kind geboren wird. Familien können kleiner werden, wenn Eltern sich trennen und eine Neuorganisation erforderlich ist. Familien müssen sich früher oder später von pädagogischen Einrichtungen verabschieden, sei es aufgrund eines Umzugs oder da die Einschulung naht.

Wie Übergänge dabei bindungsbezogen und stärkend – gemeinsam mit Eltern und Kindern – gemeistert werden, wird in diesem Kapitel anhand verschiedener Fallbeispiele zu unterschiedlichen Themenbereichen besprochen.

HANNAH – WENN DIE EINGEWÖHNUNG NICHT GELINGT

Hier geht es um die folgenden Themen:

- Abbruch einer Eingewöhnung und Neustart
- Kindliche Reife für die außerfamiliäre Betreuung
- Trennungsängste und Präferenz eines Elternteils
- Wechsel der eingewöhnenden Fachkraft
- Kindliche Regulationsversuche, in diesem Fall exzessives nächtliches Trinken

Seit acht Wochen befinden sich die Eltern von Hannah (16 Monate) in einem Eingewöhnungsprozess. Hannah ist ein lebendiges, fröhliches Kind, das in Anwesenheit der Eltern zunächst sehr gut und sicher in der Krippe explorierte. Die erste Verabschiedung nach vier Tagen verlief unproblematisch. Als die Mutter nach einer kurzen Verabschiedung den Raum verließ, spielte das Kind ungerührt weiter. Nach rund zehn Minuten betrat die Mutter wieder den Gruppenraum – Hannah fing daraufhin kurz zu weinen an, ließ sich jedoch sehr gut trösten und begann alsbald wieder zu spielen.

Mutter und Bezugserzieherin Natalia fühlten sich von Hannahs Verhalten ermutigt. Auch in den folgenden Tagen konnte sich die Mutter gut von Hannah verabschieden und ihr Kind bereits über eine Stunde in der Kita allein lassen. Nach diesem vielversprechenden Start erkrankte Hannah. Sie entwickelte starke Erkältungssymptome, sodass Mutter und Kind erst nach vierzehn Tagen erneut die Kita besuchen. Hannah scheint nach ihrer Krankheit eine Wesensveränderung durchlaufen zu haben. Sie hält sich nun beständig in der Nähe ihrer Mutter auf, spielt ausschließlich, wenn diese direkt neben ihr sitzt, und lässt Kontakt mit Natalia nicht mehr zu. Auch zu Hause zeigt Hannah neuerdings Trennungsängste, die das bisher gut funktionierende Familiensystem auf den Kopf stellen. Sie verfolgt ihre Mutter auf

Schritt und Tritt, bei gleichzeitiger Ablehnung des Vaters. Dieses Verhalten sorgt beide Eltern und führt zu Konflikten. Der Vater will nun gerne die Eingewöhnung seiner Tochter fortsetzen, um die Beziehung zu stärken. Für die Mutter ist die Abgabe der Eingewöhnung an den Vater unvorstellbar, da Hannah bei jeder Trennung von ihr panisch zu weinen beginnt. Also geht sie weiter mit ihrem Kind in die Kita.

Auch nach weiteren zwei Wochen, geprägt von geduldigem Abwarten, zeigen sich keinerlei Fortschritte. Im Gegenteil: Das ängstliche Verhalten scheint sich zu verfestigen. Sämtliche Kontaktversuche von Seiten Natalias scheitern. Hannah lässt sich nicht für ein gemeinsames Spiel gewinnen. Sie lehnt jeglichen Körperkontakt ab. Sie verweigert inzwischen sogar Blickkontakt mit der Erzieherin. Der Wechsel der eingewöhnenden Fachkraft führt zu keinerlei Veränderung. Auch Susanne, eine sehr erfahrene, feinfühlige Erzieherin, kann Hannahs Interesse nicht gewinnen. Hannah sitzt auf dem Schoß der Mutter und scheint förmlich in diese hineinkriechen zu wollen. Hannas Bindungssystem wirkt auf alle Involvierten maximal aktiviert. Sie weicht ihrer Mutter nicht mehr von der Seite und hat vollkommen damit aufgehört, interessiert die Kita-Umgebung zu erkunden.

Die Mutter ist von dieser Entwicklung sehr betroffen. Ihr Gesicht hat in den letzten Tagen beinah versteinert gewirkt. Mühsam versucht sie ihre Tränen während eines weiteren Elterngesprächs zu unterdrücken. Als ihr Natalia, als symbolische Geste gedacht, ein Taschentuch reicht und dabei Verständnis für die Traurigkeit der Mutter zum Ausdruck bringt, gibt es kein Halten mehr. Hannahs Mutter berichtet unter Tränen, wie sehr sie die aktuelle Situation belaste. Dieser emotionale Ausbruch verändert die Stimmung zwischen den Eltern. Der Vater wirkt plötzlich wieder weicher und verständnisvoller im Kontakt mit seiner Frau. Dass eine Eingewöhnung vielsprechend beginnen, sich im Anschluss an eine Krankheitsphase erschweren kann, ist für beide Elternteile eine entlastende Information. Obwohl Natalia dies den Eltern bereits mehrfach mitgeteilt hat, wirkt es auf Natalia auch heute so, dass die beständige Normalisierung der Situation für beide Elternteile erneut wichtig ist. Hannahs Mutter ist für sich inzwischen zu dem Entschluss gekommen, dass eine Kita-Betreuung für ihre Tochter noch zu früh ist. Der Vater, noch ambivalent in seiner Entscheidung, kann durch die Information von Natalia beruhigt werden, dass bei völliger Stagnation eine Pause oftmals die beste Entscheidung ist. Mit einem älteren, weiter entwickelten Kind erneut eine Eingewöhnung zu beginnen, kann wesentlich einfacher sein. Die Eingewöhnung nun abzubrechen wird daraufhin gemeinsam von Eltern und Erzieherin entschieden. Die Eltern erhalten außerdem die Möglichkeit, zu einem späteren Zeitpunkt erneut hier in der Einrichtung zu beginnen.

Nach einigen Wochen erhält Natalia eine E-Mail von den Eltern: Hannah sei wieder die „Alte". Sie sei fröhlich, unbeschwert und zeige keinerlei Trennungsängste mehr. Sie lasse sich wieder gerne von ihrem Vater sowie den Großeltern betreuen. Auch das exzessive nächtliche Trinken von Milchflaschen konnte problemlos wieder reduziert werden. Da sich Hannah innerhalb weniger Wochen so positiv entwickelt hat, sind inzwischen beide Elternteile davon überzeugt, dass Hannah noch nicht die innere Reife für die Kita hatte. Für die Möglichkeit, Hannah im nächsten Kita-Jahr einzugewöhnen und Natalia hierbei erneut an ihrer Seite zu haben, drücken die Eltern große Dankbarkeit aus.

Viele Eltern sind in Bezug auf ihre Kinder empfindsam. Dies gilt für Väter und Mütter gleichermaßen. Eine kritische Reflexion der kindlichen Entwicklung löst bei Eltern auf verschiedenen Ebenen mehr oder weniger starke Emotionen aus: Ist ein Verhalten noch normal oder ist sogar eine psychologische Abklärung oder zumindest eine Erziehungsberatung notwendig? Nicht alle Eltern haben in jeder Phase ihrer Elternschaft zudem festen Boden unter den Füßen. Nicht gelingende kindliche Entwicklung wird in diesem Zusammenhang durchaus auch mit einer persönlichen Kränkung assoziiert.

Viele Eltern rücken pädagogische Fachkräfte zudem automatisch in die Nähe des Jugendamts und fürchten Sanktionen oder zumindest Konsequenzen, wenn sich Schwierigkeiten abzeichnen. Dies kann dazu führen, dass Eltern wichtige Informationen, eigene Beobachtungen oder Fragen nur zögerlich der gesprächsführenden Fachkraft anvertrauen. Somit ist es von wirklich großer Bedeutung, dass Eltern sich angenommen fühlen. Dies erhöht die Selbstöffnungsbereitschaft, ein offenes Gespräch zu führen.

Dies wiederum kann jedoch den Effekt nach sich ziehen, dass Eltern von ihren Emotionen förmlich überrollt werden. Sie erzählen dann beispielsweise über ihre Wut auf das eigene Kind, berichten von Scham-, Schuld- und Versagensängsten, und all dies wiederum kann das Fließen von Tränen begünstigen. In einem Raum, wo regelmäßig Elterngespräche geführt werden, dürfen vorsorglich auch Taschentücher bereitliegen. Einem emotional aufgelösten Elternteil rechtzeitig ein Taschentuch zu reichen ist sicherlich nicht die Auflösung aller Probleme. Aber es ist durchaus eine liebevolle Geste, die sichtbar macht, dass auch starke Gefühle hier willkommen sind – bei Kindern und auch bei ihren Eltern.

Impulse für Elterngespräche

- Kinder unterscheiden sich in ihrer Fähigkeit, sich bereits in jungen Jahren von ihren Eltern zu trennen. So gibt es Kleinkinder, die gerne in die Krippe gehen, dort rasch eine gute Beziehung zu einer Fachkraft aufnehmen und sich aktiv am Gruppengeschehen beteiligen. Ebenso gibt es Kinder, für die der Übergang in die außerfamiliäre Betreuung sehr herausfordernd ist. Insbesondere diese Kinder profitieren von einem langsamen Eingewöhnungstempo.

- Es gibt Kinder, die rasch Freunde finden, die sich gerne in einer Gruppe mit anderen Kindern aufhalten. Ebenso gibt es Kinder, die in einer Gruppe mit anderen Kindern rasch unter Stress geraten und sich ungern von ihren Eltern trennen. Das ist keine willentliche Entscheidung des Kindes, sondern abhängig von verschiedenen Faktoren: Wächst ein Kind mit Geschwistern auf und hat es bereits „Übung" in der Kontakt- und Spielgestaltung mit anderen Kindern? Ist das Kind aufgrund seines Temperaments gegenüber neuen Erfahrungen aufgeschlossen? Lösen neue Situationen Ängste aus? Wie gut kann sich ein Kind bereits selbst beruhigen? Hat das Kind bereits positive Trennungserfahrungen gesammelt?

- Manchmal fängt eine Eingewöhnung sehr vielversprechend an. Wie die Praxis zeigt, kann es auch bei einem positiven Start zu einem „Einbruch" kommen. Die Kinder sind dann plötzlich sehr trennungsängstlich. Sie beginnen den eingewöhnenden Elternteil mehr oder weniger zu beschatten, bei meist gleichzeitiger Ablehnung des anderen Elternteils. Dies ist eine sensible Phase.

Man sollte nun nicht überstürzt handeln. In aller Regel ist das kindliche Bindungssystem hochaktiviert und feuert beständig. Nun gilt es, dieses Feuerwerk nachhaltig zu beruhigen. Ein Elternteil sollte wieder mit im Gruppenraum sitzen. Diese Anwesenheit beruhigt viele Kinder, sodass nach einer gewissen Zeit wieder mit den Trennungsversuchen begonnen werden kann.

- Niemand weiß, wie eine Eingewöhnung verlaufen wird. Jede Eingewöhnung ist sehr individuell und sollte so gestaltet werden.

- Wenn sich eine Eingewöhnung als schwierig gestaltet, so sollten die involvierten Erwachsenen natürlich herausfinden, woran das liegt. Manchmal ist eine Reduktion des Tempos sehr wichtig. Manchmal hilft ein Wechsel, sodass eine andere Fachkraft die Eingewöhnung übernimmt. Auch ein Wechsel auf Seiten der Eltern kann sinnvoll sein.

- Wenn ein Kind vollkommen „blockiert" wirkt, sich auf keinerlei Kontaktversuche mit der pädagogischen Fachkraft einlässt, so kann sich zwischen diesen auch keine tragfähige Beziehung entwickeln. In diesem Fall ist es für alle Beteiligten wichtig, auf die eigenen Ressourcen zu achten. Manchmal sind eine Pause und ein neuer Start hilfreich. Ebenso muss besprochen werden, ob das Kind die innere Reife für den Kita-Alltag besitzt.

FERDINAND – WENN EIN ROTES AUTO HILFT

Hier geht es um die folgenden Themen:

- Geburt des zweiten Kindes und Auswirkungen auf das Familiensystem
- Regressives Verhalten des Erstgeborenen
- Kindliche Trennungsängste
- Gestaltung von Übergängen, in diesem Fall das Bringen zum Kindergarten
- Hausbesuche der pädagogischen Fachkraft
- Die Bedeutung eines Begrüßungsrituals sowie von Übergangsobjekten

Auch heute klammert sich Ferdinand, dreieinhalb Jahre alt, panisch an seine Mutter und möchte sich im Garderobenraum des Kindergartens nicht von ihr lösen. Auch heute wiederholt sich das Drama, das sich zunächst in einer verstärkten Anhänglichkeit gegenüber der Mutter äußerte, als deren Bauch immer runder wurde. Vor drei Wochen ist die kleine Schwester zur Welt gekommen. Seit der Geburt verhält sich Ferdinand trennungsängstlich. Er folgt seiner Mutter beständig, möchte ausschließlich von ihr zu Bett gebracht werden, kann ohne sie nicht einschlafen und ruft in der Nacht häufig nach ihr. An manchen Tagen möchte er von ihr gefüttert werden, was die Mutter dann auch tut. Der Vater wird nicht abgelehnt, fühlt sich jedoch unsicher im Umgang mit seinem Sohn. „Nein. Mama soll das machen“, ist die stetige Antwort, wenn der Vater sich einbringen möchte. Ferdinand ist das zweitgeborene Kind. Er hat noch eine ältere Schwester, die siebenjährige Marlene – laut Beschreibung ihrer Eltern ein schon sehr selbstständiges Schulkind.

Nach der Geburt war Ferdinand eine Woche lang nicht im Kindergarten. Zu seiner kleinen Schwester ist er liebevoll und aufmerksam. Er streichelt sie vorsichtig, und die Eltern sind jedes Mal erneut von der

Zartheit im Umgang mit dem Baby beeindruckt. Ferdinand scheint sich rasch in seine Rolle als großer Bruder eingefunden zu haben. Die starke Präferenz der Mutter sowie die Verweigerung des Kindergartens sind jedoch neue Verhaltensweisen, die den Familienalltag erheblich erschweren. So war eigentlich geplant, dass der Vater seinen Sohn zum Kindergarten bringen sollte. Dies wäre nur unter Anwendung von körperlicher Überlegenheit möglich. Bei jedem neuen Versuch beginnt Ferdinand zu schreien, klammert sich am Bein der Mutter fest oder flüchtet sich unter das Sofa. Der Vater ist von diesen Szenen emotional sehr betroffen und ebenso die Mutter.

Immerhin ist Ferdinand dazu bereit, mit seiner Mutter das Haus zu verlassen und den Gang zum Kindergarten anzutreten. An manchen Tagen kann Ferdinand von seiner Lieblingserzieherin Martina Trost annehmen und sich dann von seiner Mutter lösen. Martina fällt auf, dass es einen Unterschied im kindlichen Verhalten gibt, ob die Mutter *mit* oder *ohne* Baby den Kindergarten betritt. Sobald das Baby sich im Tragetuch nahe am Körper der Mutter befindet, steigert sich Ferdinands Trennungsangst maximal und Martina hat keinerlei Möglichkeit, ihn dabei zu begleiten. Bleibt die kleine Schwester während der Bringzeit bei ihrem Vater, so kann Ferdinand von Martina und Mutter besser reguliert und während der Trennungssituation unterstützt werden.

Dies ist ein wichtiger Erkenntnisgewinn und es wird entschieden, dass Trennungssituationen grundsätzlich ohne die kleine Schwester stattfinden sollen. Das lässt sich gut von den Eltern organisieren und verbessert die Situation, allerdings nicht dauerhaft. Nach einigen Tagen kommt es erneut zu dramatischen Abschiedsszenen, und der Effekt, die Bringzeit ohne das Baby zu gestalten, scheint vollkommen verpufft zu sein.

Martina bietet den Eltern daraufhin einen Hausbesuch an, was diese dankbar annehmen. Dass ihn seine Lieblingserzieherin zu Hause besucht, freut Ferdinand sehr. Zunächst hält er sich noch in der Nähe der Mutter auf. Alsbald vereinnahmt er Martina jedoch so sehr, dass diese keine Möglichkeit mehr für ein Elterngespräch sieht. Martina wiederholt die Besuche noch zwei Mal. Dieses besondere Engagement der Erzieherin verändert die Abgabesituation im Kindergarten nachhaltig und hat ihre wichtige Position in Ferdinands Bindungshierarchie zusätzlich gestärkt. Natürlich ist Martina kein neues Familienmitglied geworden, was Ferdinand bereits differenziert auszudrücken weiß: „Wir wohnen da und du wohnst woanders. Du wohnst auch nicht im Kindergarten. Du wohnst bei deiner Familie und ich bei meiner. Und im Kindergarten spielen wir zusammen." Martina hat jedoch das Zuhause von Ferdinand kennengelernt.

Da beide dort zusammen lustig mit Autos gespielt haben, wird das rote, schnelle Auto zu einem wichtigen Übergangsobjekt. Sobald Ferdinand im Kindergarten angekommen ist, packt er sein rotes Flitzeauto aus. Dieses fährt direkt auf Martina zu und wird von ihr täglich mit exakt demselben Satz begrüßt: „Guten Morgen, rotes Auto. Hast du hoffentlich den Ferdinand mitgebracht, damit wir heute zusammen spielen können?" Diese Aussicht begeistert Ferdinand und er kann sich mit jedem weiteren Tag etwas leichter von seiner Mutter lösen.

Übergangsobjekt

Ein vom Kind selbst gewähltes Objekt. Dies können weiche Stofftiere oder Tücher sein. Manche Kinder wählen auch Spielzeuge. Viele Kinder tragen „ihr" Übergangsobjekt beständig mit sich herum. Andere Kinder sind weniger intensiv darauf angewiesen und greifen verstärkt in sogenannten Übergangssituationen, wie z.B. Trennungen von Eltern oder der Einschlafsituation, darauf zurück. Geprägt wurde der Begriff von Donald W. Winnicott, einem englischen Psychoanalytiker. Übergangsobjekte geben Kindern Sicherheit und haben eine regulative Wirkung.

Nach ungefähr sechs Wochen hat sich die Situation so weit stabilisiert, dass das Übergangsobjekt Auto nicht mehr notwendig ist. Dennoch bringt die Mutter ihren Sohn weiterhin zum Kindergarten – ohne Baby. Nach weiteren sechs Wochen hat sich Ferdinand nachhaltig beruhigt, sodass auch der Vater das morgendliche Bringen wieder mitgestalten kann. Außerdem möchte Ferdinand immer häufiger, dass die kleine Schwester beim Bringen sowie Abholen mit dabei ist. „Damit sie jetzt schon den Kindergarten und Martina kennenlernt", so lautet Ferdinands stimmige Begründung.

Impulse für Elterngespräche

▷▶▷ Die Geburt eines Geschwisterkindes ist ein bedeutsamer familiärer Übergang. Die Eltern müssen sich nun um die Bedürfnisse von mehreren Kindern kümmern. Erstgeborene Kinder erleben erstmals, die elterliche Aufmerksamkeit teilen zu müssen, was sie oftmals frustriert oder besonders anhänglich werden lässt. Familiäre Abläufe und Routinen verändern sich außerdem und machen eine Neuorientierung notwendig.

▷▶▷ Nach der Geburt des Babys ist es für das ältere Kind besonders wichtig zu erleben, dass sich die elterliche Liebe und Zuneigung nicht verringert. Wenn sich die älteren Kinder weiterhin sicher und geliebt fühlen, so können sie in aller Regel eine bessere Beziehung zum Neugeborenen aufnehmen.

▷▶▷ Viele Kinder sind nach der Geburt gegenüber der Mutter trennungsängstlicher und dies nimmt natürlich auch Einfluss auf die Fähigkeit, sich von der Mutter zu verabschieden. Für manche Kinder ist es einfacher, wenn der Vater das morgendliche Bringen in die außerfamiliäre Betreuung übernimmt. Für andere Kinder wiederum ist es wichtig, dass die Mutter diesen Übergang begleitet.

▷▶▷ Nach der Geburt eines Geschwisters sollte man den älteren Kindern mit besonderer Nachsicht und Verständnis begegnen. Manche Kinder erleben eine kurze Kindergartenpause als sehr wohltuend. Manchen Kindern hilft es sehr, wenn sie etwas früher abgeholt werden und somit mehr „Mama-“ und „Papa-Zeit“ haben. Für andere Kinder sind Rituale sehr entlastend, denn sie bieten in Zeiten des Umbruchs Sicherheit und Orientierung.

▷▶▷ Viele Kinder sind nach der Geburt eines Geschwisters wenig offen für nächste Entwicklungsschritte. Es fällt ihnen dann z.B. schwer, windelfrei zu werden oder den Schnuller abzugeben. Man kann Kinder nicht zu einem neuen Entwicklungsverhalten zwingen, wenn sie die innere Bereitschaft dafür nicht haben. Also gilt es abzuwarten, bis sich die Entwicklungstüre wieder ein wenig öffnet und das Kind Veränderungsbereitschaft entwickelt.

▷▶▷ Betrachtet man die Phase nach der Geburt des Babys mit den Augen des älteren Kindes, so könnte folgendes Bild entstehen: Die Eltern sind mit dem Baby zu Hause. Ich bin im Kindergarten, dabei möchte ich – wo sich doch gerade so viel verändert – ganz nahe bei den Eltern sein. Kindliche Trennungsängste können – betrachtet aus dieser Perspektive – besser verstanden werden.

▷▶▷ Pädagogische Fachkräfte haben eine wichtige Funktion, wenn sich Kinder nur schwer von ihren Eltern lösen können. Im besten Fall können Fachkräfte diesen Trennungsschmerz auffangen und deutlich reduzieren. Auf diese Weise sammelt das Kind die wichtige Erfahrung, dass auch andere an seinem Kummer und seinen Bedürfnissen interessiert sind. Ein Kind trifft dann auf eine unterstützende Umwelt, bestehend aus Familie und Kindergarten.

PAULY – WENN ELTERN SICH TRENNEN UND SICH VIELES DADURCH VERÄNDERT

Hier geht es um die folgenden Themen:

- Elterliche Trennung und Auswirkungen auf das Familiensystem
- Das Zusammentreffen von mehreren familiären Übergängen
- Kindliche Trennungsängste und Verlustangst
- Wechsel des eingewöhnenden Elternteils
- Verlauf einer bindungsorientierten Eingewöhnung im Kindergartenalter
- Fachkräfte als sichere Basis für Eltern und Kinder

„Für Pauly ist es nicht so einfach, in den neuen Kindergarten zu gehen", so lautet das Fazit des Vaters, der aktuell die Eingewöhnung seiner bald vierjährigen Tochter übernimmt. Pauly ging sehr gerne in ihren alten Kindergarten, wie Erzieher Sascha erfährt. Grund für den Wechsel ist die Tatsache, dass sich die Eltern vor rund zwei Monaten getrennt haben und die Mutter in eine neue Wohnung gezogen ist. Der Lebensmittelpunkt der Kinder ist bei der Mutter. Die mütterliche Wohnung ist zu weit entfernt vom alten Kindergarten, sodass ein Wechsel der Betreuungssituation unumgänglich ist.

Pauly ist das zweitgeborene Kind ihrer Eltern. Sie wird von diesen als lustig, mutig und abenteuerlustig beschrieben. Im Rahmen der Eingewöhnung zeigt sich aktuell wenig von diesen Eigenschaften. Pauly möchte sich nur sehr ungern von ihrem Vater trennen. Sie spielt zwar gerne mit ihrem Bezugserzieher Sascha und ist interessiert an anderen Kindern. Sie beteiligt sich am Morgenkreis und sonstigen Aktivitäten. Sobald der Vater jedoch versucht, sich von Pauly zu verabschieden, reagiert sie darauf mit heftigem Trennungsprotest. Sie klammert sich an, beginnt zu weinen und wirkt untröstlich: „Papa, darf nicht gehen, Papa darf niemals gehen", wiederholt sie dabei sehr verzweifelt. Also muss Papa bleiben. Für Sascha ist es unvorstellbar, das Kind noch mit weiteren Trennungserfahrungen zu belasten. Zudem muss die Familie zeitgleich mehrere Übergänge bewältigen: Da ist der Übergang in den neuen Kindergarten und es gilt, den geliebten alten Kindergarten loszulassen Dies würde bereits reichen, aber weitere Herausforderungen haben sich aufgetan: Mama und Papa leben nicht mehr zusammen. Es gibt zwei Wohnungen – eine Mama-Wohnung und eine Papa-Wohnung. Die ältere Schwester wurde gerade eingeschult. Aus Saschas Sicht sind das zu viele Veränderungen. Dass sich Pauly dagegen sträubt, ihren Vater in dieser Zeit der Umbrüche einfach gehen zu lassen, verwundert den erfahrenen Erzieher nicht. Das Thema „Trennung“ ist geradezu omnipräsent im Leben von Pauly.

„Wenn die Eltern sich trennen, so nimmt dies häufig Einfluss auf die Trennungsfähigkeit des Kindes von seinen Eltern in der Betreuung. Pauly verhält sich völlig erwartungskonform. Wir nehmen jetzt jeglichen Druck raus. Wir schaffen das zusammen“, so lautet die empathische Antwort von Sascha auf die väterliche Frage, wie man nun weitermachen soll. Also bleibt der Vater eine weitere volle Woche im Kindergarten. Es gibt keine Trennungsversuche. Der nächste Verabschiedungsversuch scheitert erneut. Pauly gerät völlig außer sich.

Rund 137.400 Ehen wurden in Deutschland im Jahr 2022 geschieden. Mehr als 115.800 Minderjährige waren dabei von der elterlichen Scheidung betroffen. Betrachtet man die Scheidungszahlen der letzten Jahrzehnte, so sind diese rückläufig (Statistisches Bundesamt 2023) Dies hat aber auch mit dem Rückgang der Eheschließungen zu tun. Während 1950 noch 750.452 Ehen geschlossen wurden, heirateten im Jahr 2022 390.767 Paare (Statista 2023).

Den Eltern gelingt es, trotz Trennung konstruktiv über sämtliche Elternthemen miteinander im Austausch zu bleiben. Nach Rücksprache mit Sascha übernimmt nun die Mutter die weitere Eingewöhnung. Ihr Auftauchen verändert die Situation in positiver Hinsicht. Sascha hat bemerkt, dass der Vater bei den Trennungsversuchen selbst niedergeschlagen und traurig wirkte. Auch Paulys Mutter wirkt mitgenommen von den Ereignissen, aber zugleich scheint es ihr besser zu gelingen, ihr Kind für den neuen Kindergarten einzustimmen und zu motivieren. Sie kann gut die Gefühle ihrer Tochter aufnehmen und das Kind beruhigt sich schnell im Körperkontakt mit ihr. Seitdem die Mutter mit im Kindergarten ist, hat sich der Radius des Kindes beträchtlich erweitert. Pauly hat mehrfach den Raum verlassen, ohne ihre Mutter darüber zu informieren. Sie hat mit Sascha etwas aus der Küche geholt. Oder etwas aus ihrem Rucksack an der Garderobe geholt. Dass die selbstinitiierten Trennungen mittlerweile gut funktionieren, stimmen Team und Mutter zuversichtlich.

Auch die Mutter ist zunächst drei Tage mit ihrem Kind im Kindergarten und es gibt keine Verabschiedung. Am vierten Tag wird dies möglich. Zwar weint Pauly und will, dass die Mutter bleibt, aber sie kann sehr schnell von Sascha beruhigt werden. Nach rund zwei Minuten beruhigt sich Pauly und fängt zu spielen an. In den nächsten Tagen kann sich Pauly immer besser und länger lösen. Nach zwei weiteren Wochen ist die Eingewöhnung abgeschlossen. Pauly kann inzwischen von beiden Elternteilen gebracht werden und schafft es, sich ohne Tränen von Mama und Papa zu lösen.

Ist eine Trennung der Eltern immer belastend?

„Familie ist dort, wo Kinder leben“, subsumiert wertungsfrei die Vielzahl familialer Lebensformen. Die beginnende Scheidungsforschung, ab den 1970er-Jahren, blickte noch mit einem rein defizitären Blick auf ein zerfallenes Familiensystem. Kindern, die in einem

„broken home“ heranwuchsen, wurden grundsätzliche Entwicklungsnachteile sowie diverse Verhaltensauffälligkeiten zugeschrieben. Die Mütter erhielten in aller Regel das alleinige Sorgerecht, was eine aktive Vaterschaft häufig verunmöglichte. Heutzutage werden Trennungen als Auflösung einer Paarbeziehung begriffen, was bei Anwesenheit von Minderjährigen eine zeitnahe Neuorganisation der Familie erforderlich macht. Im Rahmen einer Trennung steigt in aller Regel das persönliche Stresserleben der Betroffenen an. Natürlich ist eine Trennung mit den Kindern ein einschneidendes Lebensereignis, das in der elterlichen Planung nicht miteinbegriffen war. Dies kann sich in einer verstärkten emotionalen Labilität oder auch Depressivität niederschlagen. Auch das elterliche Erziehungsverhalten ist häufig verändert, möglicherweise weniger einfühlsam oder zugewandt, aufgrund des eigenen Schmerzes, der bewältigt werden muss – zumindest in der akuten Phase der Trennung. Gelingt den Eltern jedoch eine gute Anpassung an die neue Lebenssituation, verfügt die Familie über ausreichend emotionale sowie finanzielle Ressourcen, so kann eine Trennung oftmals gut bewältigt werden.

Kinder, die in konflikthaften Familienverhältnissen und unter sozioökonomischen Belastungslagen heranwachsen, zeigen eine höhere Anfälligkeit für psychische Auffälligkeiten als Kinder, die diesen Risikofaktoren nicht ausgesetzt sind. So kann das Erziehungsverhalten von Eltern, die in viele Streitigkeiten mit dem anderen Elternteil verwickelt sind, von geringerer Wärme, mehr Zurückweisung und harscherer Disziplinierung geprägt sein (Amato 2000, Vousoura et al. 2012, Swartz-den Hollander 2017, Walper 2021, Walper et al. 2021). Eine elterliche Trennung und die damit möglich werdende Beendigung von destruktiven Konflikten kann somit auch als Chance betrachtet werden. Dass „ein konfliktbelastetes Milieu in Kernfamilien keineswegs einen günstigeren Entwicklungskontext darstellt als das Aufwachsen in einer Trennungsfamilie“ (Walper & Gerhard 2003: 115), ist an dieser Stelle eine zentrale Erkenntnis der sozialwissenschaftlichen Forschung.

Impulse für Elterngespräche

- Familiäre Übergänge fordern Kinder und Eltern gleichermaßen. Wenn es Eltern in dieser Zeit gelingt, Erwartungen zu reduzieren, stattdessen Verständnis füreinander aufzubringen, so ist das sehr entlastend für ein Kind.

- Auch Kindergartenkinder benötigen eine gute Eingewöhnung und müssen mit der neuen Umgebung erst vertraut werden, um sich sicher zu fühlen.

- Kinder verhalten sich nicht absichtsvoll „trennungsängstlich“. Kinder brauchen stärkende Erfahrungen, um diese Ängste abzubauen. Es liegt dann in der Verantwortung der Erwachsenen, das Kind gut dabei zu unterstützen.

- Erlebt ein Kind positive, bewältigbare Abschiede von seinen Eltern, die von Verlässlichkeit, Ruhe und Zugewandtheit geprägt sind, so entwickelt ein Kind in aller Regel ein gutes Abschiedsbewusstsein.

- Natürlich ist es eine wichtige Aufgabe von Kindern, sich von ihren Eltern lösen zu können. Mit jedem weiteren Lebensjahr steigt in aller Regel auch die Bereitschaft dazu. Dies zeigt aber auch, dass man diese Entwicklung nicht beschleunigen, lediglich unterstützen kann.

- Sich vom anderen Elternteil zu trennen erfordert unglaublichen Mut, und manchmal ist es die beste Entscheidung, die Eltern für sich und ihre Kinder treffen können.

▷▶▷ Wenn die elterliche Trennung mit einer Eingewöhnung zusammenfällt, so kann sich dies auf die kindliche Trennungsfähigkeit auswirken. Es erlebt zu Hause bereits eine Trennung sowie eine Auflösung des bisherigen Familiensystems und kann logischerweise die Eltern nicht gut loslassen. Eine gute Eingewöhnung ist dann besonders wichtig.

▷▶▷ Kinder, die in Trennungsfamilien groß werden, sind dazu aufgefordert, mitzudenken. Sie lernen früh, wichtige Dinge von einer Wohnung in die andere zu transportieren. Die Trennung der Eltern regt die Selbstständigkeitsentwicklung von Kindern in aller Regel sehr deutlich an. Dies bedeutet wiederum nicht, dass Kinder aus Trennungsfamilien von der Tatsache profitieren, dass ihre Eltern sich getrennt haben. Aber es ist absolut wichtig, nicht nur mit einem defizitären Blick auf diese Familien zu blicken, sondern positive Entwicklungsverläufe in den Blick zu nehmen.

▷▶▷ Wenn sich die Eltern trennen, so ist das für Kinder in aller Regel eine angstmachende Erfahrung. Die Beendigung der familiären Konflikte ist aber ebenso eine befreiende Erfahrung. Kinder, die dauerhaft in einem konflikthaften Klima heranwachsen, sind dauerhaft belastet. Die Beilegung von Konflikten ist bedeutsam – egal ob Eltern weiterhin zusammenleben oder sich trennen.

OSKAR – EINSCHULUNG UND ABSCHIED VOM KINDERGARTEN

Hier geht es um die folgenden Themen:

- Gestaltung des Übergangs in die Grundschule
- Nachfolgeverhalten im Kindesalter
- Dynamik zwischen Geschwistern
- Kinderängste in der Vorschulzeit
- Die Rolle der Peers
- Effekte einer bindungsstarken Kindergartenzeit
- Fachkräfte als sichere Basis für Eltern und Kinder

Oskar, sechs Jahre alt, schafft es im Moment beständig, seine Umgebung zu verwirren. So freut er sich an manchen Tagen offensichtlich auf die nahende Einschulung in rund drei Monaten. An anderen Tagen wirkt er niedergeschlagen, ängstlich und verhält sich aus Sicht der Eltern nicht mehr altersadäquat. An diesen Tagen will er nicht in den Kindergarten und kann lediglich mit viel Überredung und gutem Zureden dazu gebracht werden, das Haus zu verlassen. Zum Turnen will er auch nicht mehr gehen. Bei seiner Oma will er schon gar nicht mehr übernachten. Seine liebste Beschäftigung ist aktuell das gemeinsame Spielen mit seinem Bruder Ben. Dass er ohne den vierjährigen Ben in die Schule gehen wird, findet Oskar „total bescheuert". Interessanterweise haben die früheren Konflikte zwischen den Geschwistern deutlich abgenommen. Gab es früher oftmals intensive Auseinandersetzungen, zeigt sich nun eine nie dagewesene Harmonie sowie ein starker Zusammenhalt.

Ben und Oskar besuchen denselben Kindergarten, sind jedoch in verschiedenen Gruppen. Treffen die beiden Kinder im Garten aufeinander, so finden sie auch hier rasch in ihr gemeinsames Spiel, wobei andere Kinder unerwünscht sind. Insbesondere Oskars Radius hat sich extrem verengt. In seiner Welt scheint der jüngere Bruder aktuell der einzige Spielpartner zu sein, mit dem ein interessantes Spiel möglich ist. Dies hemmt Oskars Autonomieentwicklung, während Ben sich flexibler verhält. Zwar taucht auch er im Garten intensiv in das Spiel mit Oskar ein, im Anschluss daran spielt er vergnügt und unbeschwert mit Kindern aus seiner Gruppe weiter.

Dass Oskar bei der morgendlichen Verabschiedung wiederkehrend weint, sich kaum am Gruppengeschehen beteiligt, führt laut Einschätzung des pädagogischen Teams zunehmend zu einer Isolierung von Oskar. Er spielt immer seltener mit anderen Kindern, wendet sich bei Spielanfragen stattdessen brüsk ab. Er sucht immer intensiver den Kontakt zu Martin und Andrea, die gemeinsam die Gruppe betreuen. Insbesondere gegenüber Andrea zeigt er ein ausgeprägtes Nachfolgeverhalten. Ist Andrea nicht da oder ist es situationsbedingt nicht möglich, dass er ihr nachfolgen kann, so akzeptiert Oskar dies stets. Er verlagert dieses Verhalten dann alsbald auf Martin. Spielangebote der beiden nimmt er gerne an, Fragen weicht er jedoch aus oder beantwortet diese einsilbig: „Weiß nicht, keine Ahnung, hab halt keine Lust, mit den anderen zu spielen."

Auch die Eltern erleben diese Einsilbigkeit bei ihrem Kind. Sie geraten immer mehr in Sorge, ob Oskar den Übergang in die Schule bewältigen wird, wenn sich nicht rasch etwas in seinem Verhalten verändert. Dankbar nehmen die Eltern eine Einladung zu einem Gespräch mit Andrea an. Die Erzieherin kennt Oskar seit seinem dritten Lebensjahr. Sie hat damals die Eingewöhnung begleitet. Gemeinsam findet ein Erinnern statt: Wie introvertiert und ängstlich sich Oskar zu Beginn seiner Kindergartenzeit verhielt. Wie vorsichtig man sich ihm nähern musste. Wie ihm ein Stoffaffe namens Lollo half, den er beständig mit sich herumtrug. Wie ihm die einfühlsame Art von Andrea half, sich im Kindergarten sicher zu fühlen. Für alle war es wunderbar zu erleben, wie Oskar immer mehr aufblühte, sich sprachlich mehr einbrachte, wild tobte und erste Freundschaften schloss. „Und nun diese Rückschritte", kommentieren die Eltern traurig das aktuelle Verhalten ihres Sohns.

Andreas Sichtweise unterscheidet sich von der elterlichen Perspektive: „Für mich ist das kein Rückschritt. Oskar trägt all diese Fähigkeiten noch in sich. Aber er kann sie gerade nicht zeigen, da ihn die Einschulung beschäftigt. Viele Kinder verhalten sich in den Monaten und Wochen davor etwas auffälliger. Manche entwickeln Ängste. Andere wiederum sind besonders aufbrausend und ungestüm. Mir erscheint es manchmal fast so, als ob ich wieder den kleinen, dreijährigen Oskar vor mir habe, der sich am liebsten an seinen Lollo klammern möchte und ganz viel Rückversicherung braucht." Die ruhige Einordung von Andrea, dass Oskar wohl kein Sonderfall ist, scheint die Eltern etwas zu beruhigen. Gemeinsam werden die folgenden Lösungsschritte erarbeitet:

- Die Eltern bringen Oskar weiterhin zum Kindergarten, auch an Tagen, wo es ihnen viel Überzeugungskraft abverlangt.
- Die Eltern lassen sich mit Oskar nicht mehr beständig auf „Deals" ein, dass sie ihn heute früher abholen oder er nur geht, wenn er morgen dafür zu Hause bleiben kann.
- Andrea wiederum sichert den Eltern zu, Oskar gut im Blick zu behalten. Sie wird ihn nicht zum gemeinsamen Spielen mit anderen Kindern drängen. Sie wird weiterhin sein insbesondere ihr gegenüber gesteigertes Bindungsbedürfnis beantworten, soweit es ihre Ressourcen zulassen.
- Die starke Beziehung der Geschwister zueinander ist eine Ressource. Zugleich gilt es, vorsichtig die symbiotische Bezogenheit der Kinder etwas zu lösen, sodass für Oskar wieder Alternativen sichtbar werden.
- Oskar spielte früher gerne mit anderen Kindern aus seiner Gruppe. Es ist den Eltern ein großes Anliegen, dass dieses Spielverhalten für Oskar wieder möglich wird. Auch wenn Oskar es bislang ablehnte, andere Kinder zu treffen, werden die Eltern nun wieder vermehrt Kontaktmöglichkeiten schaffen.

Nach rund sechs Wochen hat sich die Situation deutlich verbessert. Oskar kommt täglich in den Kindergarten. Zwar versucht er weiterhin, in der Nähe von Andrea zu sein, aber er kann sich immer häufiger – zumindest kurz – von ihr lösen und mit anderen Kindern ins Spiel finden. Trifft er im Garten auf seinen jüngeren Bruder, so haben nun auch andere Kinder wieder „Zutritt“ und dürfen – nicht immer, aber manchmal eben doch – mitspielen. Die Freundschaft zu David, einem anderen Vorschulkind, das auf dieselbe Schule wie Oskar gehen wird, intensiviert sich täglich. Die Mütter treffen sich regelmäßig auf einem Spielplatz, und zwar ohne die jüngeren Geschwister.

Die Freundschaft zu David führt automatisch dazu, dass sich die symbiotische Beziehung zwischen Ben und Oskar verändert. Streitigkeiten zwischen den Brüdern, die auch körperlich ausgetragen werden, gehören wieder zu Tagesordnung. Dass ihre Kinder wieder miteinander streiten, wirkt auf die Eltern wesentlich natürlicher und wird sogar begrüßt. Oskar bastelt mit großer Freude seine Schultüte. Der letzte Tag im Kindergarten ist für alle ein emotionaler Moment. Oskar weint danach lange und intensiv. Dass durch Ben weiterhin Kontakt zum Kindergarten stattfinden wird, tröstete ihn hierbei sehr. Oskar meistert seinen ersten Schultag sehr gut. Er geht gerne in die Schule, gemeinsam mit David, maßgeblich gestärkt durch eine liebevolle Kindergartenzeit, gestaltet durch Andrea und Martin.

Impulse für Elterngespräche

- Kindliche Ängste oder Verweigerung sind keine Manipulationsversuche, um ein elterliches Verhalten zu erzwingen. Es sind vielmehr kindliche Lösungsversuche, um die Umwelt auf die eigene Überforderung aufmerksam zu machen.

- Erwachsene können einem Kind die Angst nicht komplett abnehmen. Aber sie können einen großen Teil dieser Last abnehmen, indem sie zuhören, da sind und sich Zeit für das Kind nehmen.

- Wenn Kinder sich verweigern, ein erwünschtes Verhalten zu zeigen, so kann dies bei Erwachsenen maximalen Druck erzeugen. Die Erwachsenen bekommen es dann selbst mit der Angst zu tun, was jedoch nicht hilfreich für das Kind ist. Allein schon die ruhige Präsenz einer erwachsenen Bindungs- und Bezugsperson, die tief in ihrem Inneren weiß, dass es immer eine Lösung gibt, hilft dem Kind, sich zu beruhigen.

- Vor der Einschulung sind viele Kinder auffälliger in ihrem Verhalten und in ihren Emotionen. Die Kinder haben einen wichtigen Übergang zu bewältigen, und das gelingt am besten, wenn diese Zeit von Verständnis geprägt ist.

- Eltern dürfen auch unbequeme Entscheidungen treffen: „Ich möchte, dass du heute in den Kindergarten gehst. Das fällt dir gerade schwer, aber dennoch ist es jetzt wichtig." Dies ist für Eltern jedoch nur möglich, wenn sie dem Team dort vertrauen und wissen, dass ihr Kind beruhigt und aufgefangen wird. Auf diese Weise erlebt ein Kind, dass auch andere an ihm und seinen Gefühlen interessiert sind. Es erlebt, dass die Eltern weiterhin die engsten Bindungspersonen bleiben, jedoch selbst auf ein unterstützendes Netzwerk zurückgreifen können. Dies nennt man die Erziehungspartnerschaft – eine gute Zusammenarbeit von Eltern und der außerfamiliären Betreuung.

- Erwachsene sind dafür da, schwierige Situationen mit Kindern auszuhalten. Manchmal können die Erwachsenen sehr schnell und effektiv helfen. Manchmal dauert es, bis eine Situation wieder besser ist. Für ein Kind da zu sein, ist die wichtigste Funktion, die Bezugspersonen dabei haben. Nach diesem Prinzip darf man Elternschaft gestalten.

- Kinder dürfen in ihrer Kindheit erleben, dass es völlig in Ordnung ist, vermeintliche Rückschritte zu gehen. In Zeiten von Unsicherheiten zu erleben, dass man nicht nur aufgrund von Leistung geliebt wird, ist die wichtigste Beziehungserfahrung, die man in seiner Kindheit erleben darf. Dies wiederum ist auch für die Eltern sehr herausfordernd in der Begleitung. Im besten Fall werden die Eltern wiederum von anderen in dieser Zeit begleitet, die ebenfalls den Wunsch haben, dass das Kind es schafft, in einer Entwicklung voranzukommen.

Fazit

Familiäre Übergänge können zu einem krisenhaften Ereignis werden, mangelt es an inneren sowie äußeren Ressourcen, die sich jedoch wechselseitig bedingen. Ein stützendes Umfeld hilft Eltern natürlich dabei, sich selbst emotional zu beruhigen und ihre Funktion als sichere Basis im Leben ihres Kindes verantwortungsvoll zu gestalten.

Familiäre Übergänge können zu einem stärkenden Ereignis werden, wenn Eltern und Kinder die Erfahrung sammeln, dass Veränderungen manchmal schmerzhaft oder auch beängstigend sind, ihnen aber dennoch ein positives Potenzial innewohnt. Dies lässt Weiterentwicklung und persönliches Wachstum möglich werden. Die Bewältigung von Übergängen erfolgte in der Menschheitsgeschichte von jeher in einer schützenden, annehmenden Gemeinschaft, sodass sich die Last des Individuums verringerte, alleinig verantwortlich dafür zu sein. Dieses schützende Kollektiv hat sich aufgrund unserer Lebenswelt sehr verändert. Aber auch die Erziehungspartnerschaft basiert auf dem Grundgedanken, dass Eltern und pädagogisches Fachpersonal gemeinsam Verantwortung für die kindliche Entwicklung übernehmen und Übergänge gestalten.

Eine kompetente Begleitung von Familien während eines Übergangs macht Flexibilität erforderlich, wie uns die Fallbeispiele in diesem Kapitel zeigen. Die Fähigkeit der pädagogischen Fachkräfte, gerade in Zeiten des Aufruhrs Ruhe und Gelassenheit auszustrahlen, ist bei den Fällen von Hannah, Ferdinand, Pauly und Oskar bedeutsam und zeigt, wie sehr die Familien davon profitieren konnten.

3

Kindliche Entwicklung: Basiswissen

Ein Kind zu erziehen – oder besser gesagt: auf seinem individuellen Entwicklungsweg zu begleiten – ist eine beglückende und ebenso umfassende Aufgabe. Bindungs- und Bezugspersonen, die Wissen erworben haben über die kognitiv-emotionale Entwicklung von Kindern, fällt es in aller Regel leichter, sich angemessen – und das heißt entwicklungsgerecht – auf die Perspektive des Kindes einzulassen. Genau das aber ist die Voraussetzung, um günstige Bedingungen für ein Kind zu schaffen – in einer Lebensphase, in der kontinuierlich Entwicklung stattfindet, wobei innere Reifung nach außen hin nicht per se sichtbar wird.

Im Folgenden steht die Entwicklungspsychologie der frühen Kindheit im Fokus. Anhand ausgewählter Befunde geht es um die kognitive sowie die sozio-emotionale Entwicklung des Kindes. Da sich Kinder nicht losgelöst von ihren Bindungspersonen entwickeln und all diese Prozesse eingebettet sind in eine Umwelt, die vom Verhalten der Bezugspersonen geprägt ist, sind Thema des zweiten Teils dieses Kapitels Erkenntnisse aus der Bindungstheorie und -forschung.

3.1 Soziale Entwicklung: das Selbst und die Anderen

Das Säuglings- und frühe Kleinkindalter ist davon geprägt, dass Kinder sich als Mittelpunkt der Welt wahrnehmen. Veränderungen im Denken, Fühlen sowie Handeln werden erst durch Reifungsprozesse im kindlichen Gehirn möglich. Meilensteine in der kindlichen Entwicklung sind dabei die reifende Selbsterkenntnis sowie die Fähigkeit zur Perspektivübernahme – dies wird auch als kognitive Wende bezeichnet. Warum nehmen Kinder zunächst die eindimensionale Ich-Perspektive ein? Wie verändert sich das mit dem Erwerb von Empathie sowie *Theory of mind?*

Perspektivübernahme und *Theory of mind*

Kleine Kinder rücken ihre eigenen Bedürfnisse in den Mittelpunkt. Bei Entscheidungen scheint es meist um ihren Vorteil zu gehen. Es fällt ihnen schwer, sich von eigenen Wünschen und Bedürfnissen zu distanzieren. Dies führt automatisch zu Konflikten mit anderen kleinen Mitmenschen und ebenso mit den Erwachsenen. Ein Kind *vor* dem vierten Geburtstag kann lediglich punktuell sowie rudimentär Einsichten darüber entwickeln, was sein Verhalten bei anderen – möglicherweise – auslöst. Ebenso wenig kann ein junges Kind darüber reflektieren, dass die Erwachsenen ihr Verhalten in aller Regel an der Fürsorgepflicht orientieren. Dass seine Wutausbrüche bei notwendigen Tätigkeiten wie dem Anziehen der Matschhose oder der Socken, dem Wechsel der Windel, für die Bezugsperson herausfordernd in der Begleitung sind, hat in der Welt des kleinen Kindes keinerlei Bedeutung. Es ist nicht relevant für das Kind, da es (noch) kein kognitiv begründetes Verstehen gibt. Die Bereitschaft, mit der Bezugsperson vielleicht schließlich doch zu kooperieren, ist rein emotional begründet: Natürlich ist das kleine Kind in hohem Maß von seinen Bezugspersonen abhängig und sucht schon deshalb beständig ihre Nähe auf.

Kindlicher Egozentrismus
Die Bezogenheit auf das Selbst und die eigenen Wünsche, bei gleichzeitiger Unfähigkeit, sich kognitiv in die Perspektive des Gegenübers hineinzuversetzen.

Erwachsene agieren anders als Kinder, denn ihr Gehirn ist so weit gereift, dass es ihnen kognitiv möglich ist, die Perspektive von anderen einzunehmen. *Theory of mind* wird dieser Prozess in der Entwicklungspsychologie genannt. Das bewusste Nachdenken darüber, was andere denken und fühlen könnten, funktioniert also nicht voraussetzungslos, sondern ist der Effekt hirnphysiologischer Reifungsprozesse, die etwa im Alter von vier Jahren beginnen. Insbesondere eine gute Vernetzung des dorsomedialen präfrontalen Cortex schafft die physiologische Voraussetzung dafür, dass Perspektivübernahme, das Verstehen auch komplexerer sozialer Situationen sowie das differenzierte Sprechen darüber, möglich werden. Bei manchen Kindern finden diese Reifungsprozesse etwas später mit ungefähr fünf Jahren statt (Strüber 2019). Nun versteht ein Kind erstmals, dass die eigene Perspektive nicht zwangsläufig der Maßstab aller Dinge ist und sich Menschen in ihren Meinungen, Absichten und Wünschen deutlich voneinander unterscheiden können (Bischof-Köhler 2011, Haug-Schnabel & Bensel 2017).

Theory of mind

Meilenstein in der kindlichen Entwicklung. Mit ungefähr vier Jahren gelingt es Kindern zunehmend besser, ihren eigenen Standpunkt zu reflektieren und sich davon zu distanzieren. Das Kind kann sich nun in die Perspektive des Gegenübers, in dessen Gedankenwelt, hineinversetzen und versteht nun erstmals, dass es unterschiedliche Sichtweisen gibt, die durchaus nebeneinander existieren können.

Ist dieser Reifungsprozess abgeschlossen, verringert sich kindlicher Egozentrismus im Denken und Fühlen. Der eigene Standpunkt relativiert sich. Rigide Verhaltensweisen nehmen meist ab, gleichzeitig ist eine größere Flexibilität und Lösungsorientierung im Denken und Handeln zu beobachten. Allerdings sind diese Fähigkeiten durchaus noch Schwankungen unterworfen. Das Verhalten ist keineswegs konsistent, sondern variiert: Starke Empfindungen auf emotionaler sowie physischer Ebene – wie beispielsweise Hunger, Müdigkeit, Wut oder Traurigkeit – führen das Kindergartenkind rasch wieder auf die eindimensionale Ich-Perspektive zurück.

Das Wissen darüber, dass Säuglinge sowie junge Kleinkinder noch nicht über die Fähigkeit zur Perspektivübernahme verfügen können, fördert das Verständnis für diese Altersgruppe extrem und reduziert Erwartungen. Innere Reifungsprozesse können nicht beschleunigt werden. Allerdings können erwachsene Bezugspersonen positiv auf die Entwicklung der Fähigkeit zur Perspektivübernehme, der *Theory of mind*, einwirken, indem sie die Perspektive des anderen – stellvertretend – für das Kind benennen und somit sichtbar machen.

- Wenn du sehr laut mit den Klötzen spielst, dann hält sich Lukas die Ohren zu. Was denkst du, wie fühlt sich Lukas gerade?
- Du möchtest jetzt noch ein Eis. Wir haben nach dem Mittagessen schon ein Eis gegessen. Hast du eine Idee, warum ich gegen ein weiteres Eis bin?
- Wir gehen jetzt alle zusammen zum Spielplatz. Es ist wichtig, dass du in meiner Nähe bleibst und deshalb nehme ich deine Hand. Was denkst du, warum möchte ich gut auf dich aufpassen?

Diese Fragen sind wichtig, damit im Inneren des Kindes kontinuierlich ein Nachdenken über die Position des anderen angestoßen wird. Zugleich ist es wichtig, dass Kinder nicht beschämt werden, wenn sie ihre kindliche Perspektive darlegen und sich zeigt, dass für die Entwicklung entsprechender Einsichten noch viel innere Reifung notwendig sein wird und ein Kind sich damit aktuell noch schwertut.

Selbsterkenntnis und Empathie

Das Nachdenken über die Perspektive des Gegenübers und das damit möglich werdende Verstehen der mentalen Zustände von anderen – deren Absichten, Wünschen und Erwartungen – sind kognitiv gesteuerte Bewusstseinsvorgänge im menschlichen Gehirn. Natürlich löst dies Empfindungen in der nachdenkenden Person aus wie beispielsweise Mitgefühl, Traurigkeit oder Ärger. Und ebenso ist die grundlegende Motivation, über die Situation des anderen nachzudenken, oftmals emotional begründet. Was ist also zuerst da – Emotion oder kühler Verstand?

In der wissenschaftlichen Forschung ebenso wie in populärwissenschaftlichen Publikationen gibt es vielfältige Bestrebungen, sozio-emotionale Entwicklungsprozesse im Kindesalter möglichst genau zu beschreiben. Eine trennscharfe Abgrenzung von fühlender Empathie und rein kognitiver Bewertung – die sogenannte Perspektivübernahme – ist dabei stets eine Herausforderung, da sich Entwicklungsprozesse hier gegenseitig bedingen und voraussetzen.

Um ein umfassenderes Bild davon zu gewinnen, was „sozio-emotionale Entwicklung" bedeutet, ist es notwendig, sich den grundlegenden Voraussetzungen im Kleinkindalter zuzuwenden: Um den achtzehnten Lebensmonat herum setzt die Selbsterkenntnis ein. Diese sogenannte „kognitive Wende" führt dazu, dass sich das kleine Kind erstmals selbst im Spiegel erkennt und für sich begreift: „Das bin ja ich!" Das reifende Verständnis von sich selbst als eigenständigem Individuum befähigt bereits Kleinkinder, sich grundsätzlich prosozial zu verhalten: Sie reagieren beispielsweise wachsam oder sogar betroffen auf den Kummer eines anderen Kindes. Sie machen eine erwachsene Bezugsperson darauf aufmerksam, bieten dem traurigen Kind ein Spielzeug an oder beobachten interessiert die Situation und verbleiben in der Nähe des Kindes (Bischof-Köhler 2011).

Allerdings ist die Entwicklung von prosozialem Verhalten ein komplexer Prozess, der sich nicht auf die beginnende Selbsterkenntnis reduzieren lässt. Eine differenzierte Betrachtung sowie Definition von Begrifflichkeiten sind in diesem Zusammenhang wichtig. Auf diese Weise kann prosoziales Verhalten in seiner Komplexität verstanden werden:

- **Empathie** bedeutet Einfühlungsvermögen und beinhaltet stets eine eigene emotionale Reaktion auf die Lage oder den Gefühlszustand des anderen. Eine empathische Reaktion setzt immer ein grundlegendes Verstehen der Gefühlswelt von anderen Menschen voraus (Siegler et al. 2016).

- Eine starke innere Gefühlsaktivierung und das Erleben von negativen Gefühlen werden mit dem **emphatischen Leid** in Verbindung gebracht. Die innere Betroffenheit erschwert ruhige Gelassenheit, wovon das Gegenüber jedoch am meisten profitieren würde (Strüber 2019).

- **Mitgefühl** dagegen fördert die kompetente Unterstützung anderer Personen. Es steigert die Motivation, sich für andere zu engagieren und sich für verbesserte Bedingungen einzusetzen.

Die in diesem Zusammenhang vielfach diskutierten Spiegelneuronen sind sehr wahrscheinlich lediglich bei der Aktivierung von *emphatischem Leid* bedeutsam.

Eine einfühlsame Begleitung unterstützt Kinder im Aufbau entsprechender Kompetenzen. Eine gefühlskalte Kindheit, geprägt von Desinteresse und Vernachlässigung, kann die Entwicklung von Mitgefühl dagegen erschweren.

Auch genetische Dispositionen tragen dazu bei, ob sich Menschen prosozial, gehemmt oder emotional kühl gegenüber anderen verhalten (Strüber 2019). Folglich kommt es hier zu einem komplexen Zusammenspiel von Umwelterfahrungen, von elterlichem Erziehungs- und Beziehungsverhalten sowie kindlichen Temperamentsmerkmalen.

Kinder, die ihre eigenen Gefühle verstehen, sind besonders stark im Zeigen von kompetentem Mitgefühl. Wenn persönliche Gefühlszustände differenziert erlebt und benannt werden können, so hilft dies in der Einordnung sowie bei der Bewältigung. Gefühle werden auf diese Weise als wertvoll und beachtenswert internalisiert. Zugleich wird eine differenzierte Betrachtungsweise möglich: Eigene Gefühle werden als getrennt von denen anderer erlebt. Dies führt dazu, dass Kindern im Laufe ihrer Entwicklung immer deutlicher bewusst wird, dass ihr emotionales Erleben von anderen nicht geteilt werden muss. Andere Personen können dieselbe Situation völlig anders interpretieren. Emotional kompetente Kinder nehmen bereitwillig die Position von anderen ein – was rein kognitiv erfolgt. Dies befähigt sie jedoch dazu, anderen einfühlsam sowie unterstützend zu begegnen (Siegler et al. 2016).

3.2 Bindungsentwicklung in der Kindheit

Von Anfang an entwickelt sich ein enger Kontakt zwischen den betreuenden Bezugspersonen und dem Säugling. Es entsteht eine Bindung zwischen den Eltern und ihrem Kind, ebenso wie zwischen dem Kind und allen weiteren Menschen, die sich regelmäßig in die Betreuung einbringen. Wie oben beschrieben, nehmen sich Kinder im Alter von ungefähr 18 Lebensmonaten als von ihren Eltern getrennte Individuen wahr und es entsteht eine Bindungs*beziehung*. Warum Kinder von einer sicheren Bindung profitieren und wie unsichere Bindungsmuster entstehen, soll im Folgenden erläutert werden. In diesem Zusammenhang sind neurowissenschaftliche Erkenntnisse hilfreich, um die kindliche Bindungsentwicklung zu verstehen.

Bindungstheorie: Entstehung und Grundannahmen

Der Begründer der Bindungstheorie, der Psychoanalytiker, Kinderarzt und -psychiater John Bowlby (1907–1990), stellte den in den 1940er-Jahren üblichen Umgang mit Säuglingen und Kleinkindern fundamental infrage. Säuglinge nach der Geburt von ihren Müttern zu trennen war damals gängige Praxis. Bowlby gründete eine eigene Forschungsgruppe, die ab 1948 die Erforschung frühkindlicher Trennungserfahrungen in den Mittelpunkt rückte.

Sichere Basis
Von Bowlby entwickelte Begrifflichkeit. Erst die Anwesenheit einer vertrauten Bindungsperson ermöglicht dem Säugling und späteren Kleinkind angstfreies Erkundungsverhalten. Eine zuverlässige, einfühlsame Bindungsperson ist die Grundvoraussetzung dafür, dass ein Kind das sogenannte Urvertrauen in sich und andere entwickelt. Damit ist gemeint, dass ein Kind in sich ein tiefes Vertrauen trägt, dass es mit seinen Sorgen, Ängsten und Nöten nicht alleine gelassen wird und auf eine ermutigende sowie unterstützende Umwelt trifft.

Ab 1951 erweiterte Bowlby den Fokus seiner Untersuchungen, da er Bindung nun als Prägungsprozess verstand: Kinder sind mit einem reichhaltigen Repertoire an *angeborenen* Bindungsverhaltensweisen ausgestattet. Weinen, schreien, anklammern, nachlaufen sowie nachkrabbeln, anlächeln sind Ausdrucksformen von kindlichem Bindungsverhalten. Dieses Verhalten aktiviert bei den erwachsenen Bindungs- und Bezugspersonen in aller Regel deren Fürsorgesystem. Ein kleines Kind bindet sich folglich an eine Person, die älter, reifer und selbstständiger als es selbst ist.

Bowlby unterschied verschiedene Phasen der Bindungsentwicklung:

- In der *Vorphase der Bindung* – Geburt bis sechs Wochen später – drückt der Säuglinge Instinktverhalten aus. Das Baby weint und „ruft“ in diesen ersten Interaktionen nach seinen Eltern.

- Die *entstehende Bindung* zeigt sich im Anschluss daran bis zum ungefähr achten Lebensmonat. Ein Kind bevorzugt nun deutlich seine primäre Bindungsperson. Ab ungefähr dem neunten Lebensmonat wird die ausgeprägte Bindung sichtbar. Die Bindungsperson wird freudig begrüßt und bevorzugt. Das Kind zeigt eine sichtbare emotionale Beunruhigung oder auch Trennungsangst, wenn diese nicht mehr auffindbar ist. Trennungsleid kann jedoch von einer anderen zentralen Bindungsperson abgemildert und reguliert werden.

- Die sich anschließende Phase ist von einem *reziproken Beziehungsverhalten* gekennzeichnet und kann als überdauernd betrachtet werden. Ein Kind bevorzugt seine Bindungspersonen dauerhaft sowie offensichtlich.

Die reifende Entwicklung des Kindes ermöglicht ihm mit jedem weiteren Lebensjahr jedoch auch ein besseres Verstehen der elterlichen Perspektive, was heutzutage mit der *Theory of mind* in Verbindung gebracht wird. Das Kind kann sich sprachlich immer besser ausdrücken und nun ein Gespräch mit den Eltern führen. Es kann aufgrund gereifter motorischer Fähigkeiten meist rasch die Nähe der Eltern aufsuchen, sich aber ebenso selbstbestimmt von diesen entfernen. All dies unterstützt den Aufbau einer wechselseitig gesteuerten Beziehung und verringert im kindlichen Erleben maßgeblich das Erleben von Trennungsangst.

Bindungsbeziehung
Eine intensive, überdauernde Beziehung zwischen zwei Individuen wird als Bindungsbeziehung bezeichnet. Diese Form von Beziehung existiert zwischen Erwachsenen und kennzeichnet ebenso die Eltern-Kind-Beziehung.

Die Grundannahmen Bowlbys wurden in zahlreichen Publikationen aufgegriffen und weiterentwickelt. Basierend hierauf hat sich ein Bild vom Kind entwickelt, das Bindung zum Überleben braucht und ebenso nach Autonomie strebt. Dies ist kein Widerspruch, sondern ermöglicht vielmehr eine ganzheitliche Betrachtungsweise von Kindheit.

Bindung und Autonomie

Auslösende Faktoren für eine Aktivierung von kindlichem Bindungsverhalten sind Angst, Gefahren, Schmerzen, aber auch Müdigkeit, Hunger, Frustration und Kummer. Alle Kinder erleben Momente von emotionaler Beunruhigung und Angst, sodass der Wunsch nach selbstständigem Erkundungsverhalten, auch als *Exploration* benannt, rapide abnimmt. Die Aktivierung des kindlichen Bindungssystems führt dazu, dass ein Kind entweder nach einer Bindungsperson ruft oder deren Nähe von sich aus aktiv aufsucht. Zum Kreis von Bindungspersonen im Kindesalter gehören Eltern, Großeltern, weitere Verwandte und pädagogische Fachkräfte.

Das Verhalten von Kleinkindern ist geprägt von einem Wechselspiel von Bindungs- und Autonomieverhalten. Kinder zeigen nicht beständig Bindungsverhalten, aber ebenso wenig können Kinder ausschließlich selbstständiges Spiel- und Explorationsverhalten praktizieren. Ist das kindliche Bindungssystem beruhigt, so hat dies zunächst damit zu tun, dass elementare Bindungserfahrungen in der frühen Säuglingsphase den Prozess des beginnenden Urvertrauens initiierten. Andauernde, verlässliche Beziehungserfahrungen stoßen die kindliche Autonomieentwicklung von sich aus an und ermöglichen eine angstfreie Erkundung der Umwelt. Die Bindungs- und Bezugspersonen sind dann zu einer *sicheren Basis* geworden.

Das einfühlsame Eingehen auf kindliches Bindungsverhalten ist kategorisch von einer Überbehütung abzugrenzen und hat rein gar nicht mit einem verwöhnenden Erziehungsstil zu tun. Vielmehr geht es darum, dass sich im Kind ein sicherheitsspendendes Bild von Bezugspersonen stetig verinnerlicht und festigt. Im Lauf seiner Kindheit kann ein Kind dann immer mehr auf dieses innere Bild – die mentale Repräsentation – zurückgreifen und dadurch selbstregulative Fähigkeiten ausbilden.

Die Autonomiephase

Das meist enge Bindungsband zwischen Eltern und Kind wird durch das Voranschreiten von reifenden motorischen Fähigkeiten des kleinen Kindes etwas gelockert. Dies beginnt mit dem Krabbelalter und setzt sich durch das freie Laufen fort. Das Kind kann nun in eine selbst gewählte Distanz zur Bindungsperson gehen und toleriert dies oftmals besser als eine von Seiten der erwachsenen Bezugsperson initiierte Trennung. Der kindliche Radius erweitert sich beständig. Die noch zarte, jedoch gereifte innere Vorstellungskraft von sich selbst als einem Individuum steigert den kindlichen Wunsch nach Selbstständigkeit und Erkundungsverhalten mit achtzehn Monaten erheblich. Viele Kinder verhalten sich nun widersprüchlich. Sie möchten vieles alleine tun und entscheiden, was den Beginn der Autonomiephase markiert. Der hohe Autonomieanspruch kann jedoch nicht dauerhaft aufrechterhalten werden. Ein Kleinkind ist nach wie vor extrem abhängig von seiner Umwelt und benötigt die Fürsorge von erwachsenen Bezugspersonen. Eltern oder die Fachkraft in der Kindertagesstätte sind dann idealerweise zu einer sicheren Basis für das Kind geworden und können ein aktiviertes Bindungssystem im Kleinkinderalter rasch und nachhaltig beruhigen.

Bindungsforschung: Grundlagen und Erkenntnisse

Dass verschiedene Bindungsstile und -qualitäten wissenschaftlich erforscht sind, haben wir Mary Ainsworth, einer Mitarbeiterin von John Bowlbys Forschungsgruppe, zu verdanken. Sie entwickelte aus der Beobachtung von Müttern und ihren Kindern (zwischen 12 und 18 Monaten) ein Klassifikationssystem, das drei Bindungstypen unterscheidet: sicher gebundene Kinder, unsicher gebundene Kinder sowie noch nicht gebundene Kinder, die bislang kein spezifisches Bindungsverhalten ausgebildet haben.

Exkurs: Ein fast vergessener Pionier der Bindungsforschung

Dass die Bindungstheorie von John Bowlby und Mary Ainsworth entwickelt werden konnte, verdankt sich ganz maßgeblich den Feldbeobachtungen eines Mannes: Der Schotte James Robertson hatte im Zweiten Weltkrieg den Militärdienst verweigert und als Hausmeister in Anna Freuds Kinderheimen gearbeitet. Obwohl als Hausmeister angestellt, schulte er in dieser Zeit seinen Blick für kindliches Verhalten und insbesondere Auffälligkeiten in der kindlichen Entwicklung. Nach Kriegsende ließ er sich bei Anna Freud als Psychoanalytiker ausbilden und erhielt von John Bowlby und Mary Ainsworth den Auftrag, Kleinkinder in Krankenhäusern zu beobachten, die vorübergehend von ihren Eltern getrennt waren. Robertson war von dem Unglück, das er bei den jüngsten Kindern auf den Kinderstationen sah, schockiert. Er setzte erstmals Filmaufnahmen ein, um die Situation jener Kinder zu dokumentieren. Sein Film „A two-years-old goes to hospital" und seine akribischen Beobachtungen legten den Grundstein für die wissenschaftliche Erforschung von Bindung, basierend auf der Beobachtung von kindlichem Interaktionsverhalten.

Experimenteller Ausgangspunkt von Ainsworth' Untersuchung war die sogenannte *Fremde Situation* bzw. der Fremde-Situation-Test, eine Versuchsanordnung, die Bowlbys Theorie vom kindlichen Bindungs-

und Explorationsverhalten in einer standardisierten, zugleich aber „natürlichen" Situation beobachtbar macht. Die Untersuchung kann nur von geschulten Fachpersonen durchgeführt werden.

Die *Fremde Situation* / Der Fremde-Situation-Test (FST)

Das Kind betritt mit der vertrauten Bezugsperson einen ihm unbekannten Raum und wird dabei gefilmt. Kurze Zeit später kommt eine fremde Person hinzu. Diese beginnt ein Gespräch mit der Bezugsperson. Nun kommt es zur ersten Trennung: Die Bezugsperson verabschiedet sich und lässt das Kind – auch wenn es intensiven Trennungsprotest zeigt – für wenige Minuten alleine mit der fremden Person in der *Fremden Situation* zurück. Wirkt das Kind belastet, so wird die Trennungszeit verkürzt. Kehrt die Bindungsperson zurück, so ist von großer Bedeutung, wie das Kind auf ihre Wiederkehr reagiert. Im Anschluss an die Wiedervereinigung kommt es zur zweiten Trennung: Die Bindungsperson geht erneut – nun ist das Kind allein im Zimmer. Nach kurzer Zeit kehrt zunächst die fremde Person zurück. Hier ist u.a. von Interesse, ob diese das Kind trösten kann. Mit der zweiten Wiedervereinigung endet die Untersuchung. Die einzelnen Untersuchungsetappen dauern ungefähr drei Minuten.

Die beobachteten Unterschiede im kindlichen Bindungs- und Explorationsverhalten klassifizierte Ainsworth in drei Bindungstypen oder -qualitäten:

Unsicher-vermeidende Bindung

Jene Kinder zeigen im Rahmen der *Fremden Situation* weder Trennungsprotest noch Wiedersehensfreude. Dies ist jedoch kein Zeichen einer vorangeschrittenen inneren Reifung. Die *Fremde Situation* ist immer eine bindungsrelevante Situation, da es zu Trennungssituationen kommt und das Kind in einer fremden Umgebung zurückgelassen wird. *Alle* Kleinkinder reagieren darauf mit physiologischen Veränderungen, indem Puls- und Herzfrequenz ansteigen.

Von Seiten der Eltern findet wenig Kontaktaufnahme statt. Statt einer herzlichen Begrüßung nimmt der Elternteil wieder den gewohnten Platz auf seinem Stuhl ein. Der sprachliche Austausch ist limitiert und es findet wenig Blickkontakt statt. Interessanterweise nehmen Kleinkinder dann bevorzugt Blickkontakt auf, wenn die Bindungsperson offensichtlich in eine andere Tätigkeit vertieft ist.

Auch bindungsvermeidende Eltern beantworten natürlich von Zeit zu Zeit Bindungsverhalten und sind nicht immer zurückweisend. Ebenso wenig können unsicher gebundene Kinder immer nur ihre Unabhängigkeit unter Beweis stellen und wenden sich hilfesuchend an ihre Eltern. Sie machen jedoch beständig die Erfahrung, dass ihr Bindungswunsch selten beantwortet wird oder sogar zu Unmut bei den Erwachsenen führt. Das einfühlsame Eingehen auf kindliches Bindungsverhalten wird nicht als lohnenswerte Investition in eine tragfähige Eltern-Kind-Beziehung erachtet. Vielmehr findet eine Erziehung zur Autonomie und frühen Selbstständigkeit statt.

Kleinkinder, die in einer bindungsrelevanten Situation kein sichtbares Bindungsverhalten zeigen, weisen häufig ein expressives, rastloses Spielverhalten auf. Auf diese Weise wirken sie zunächst selbstbewusst. Bei feinfühliger Beobachtung zeigt ist, dass das gesteigerte Explorationsverhalten eine konzentrierte Spielsituationen verunmöglicht. Ein Spielzeug nach dem nächsten wird lustlos ergriffen und fallengelassen. Übersteigertes Explorationsverhalten ist ein kindlicher Lösungsversuch, die innere Anspannung zu regulieren, da die sichere Basis – eine feinfühlige Bindungsperson – fehlt.

Unsicher-ambivalente Bindung

In der *Fremden Situation* ereignen sich dramatische Abschiedssituationen. Die Kinder reagieren sehr missgestimmt auf den Weggang der Bindungsperson. Sie können jedoch ebenso wenig von dieser beruhigt werden, was fröhliches Erkundungsverhalten verunmöglicht. Am Ende der *Fremden Situation* wirken Bindungsperson und Kind sichtlich erschöpft.

Jene Kinder explorieren auch in anderen Situationen wenig bis kaum. Sie bleiben beständig in der Nähe des anwesenden Elternteils. Dieser wiederum beantwortet das gesteigerte Bindungsverhalten ambivalent. So gelingt es in verschiedenen Situationen, durchaus einfühlsam auf das Kind und dessen Befinden einzugehen. Es gelingt jedoch – dies ist das entscheidende Kriterium – nicht konsistent. Dies führt beim Kind zu einer gesteigerten inneren Erregung. Ein hochaktiviertes Bindungssystem verringert automatisch das Spielverhalten. Entscheidend wäre nun – als sichere Basis –, das kindliche Bindungssystem nachhaltig zu beruhigen. Diese Entwicklung glückt jedoch nicht. Stattdessen sind Kind und Bindungsperson in beständiger Kommunikation, die jedoch ebenso beständig missglückt. Das Kind fühlt sich frustriert in seinem Wunsch nach Sicherheit. Die Bindungsperson wiederum fühlt sich wenig kompetent darin, das Kind ausreichend zu beruhigen, was zu Selbstzweifeln und Erschöpfung führt.

Sichere Bindung

Sicher gebundene Kleinkinder können in der *Fremden Situation* intensiven Trennungsprotest zeigen. Sie zeigen stets Wiedersehensfreude und Erleichterung, wenn ihre Bindungsperson zurückkommt. Sie drücken eindeutiges Bindungsverhalten aus.

Die Bindungsperson, dies ist das entscheidende Kriterium, kann das Kind rasch, einfühlsam und nachhaltig beruhigen. Dies wiederum führt dazu, dass das Kind wieder selbstständig zu spielen beginnt oder lieber auf dem Schoß der Bindungsperson zufrieden ein Bilderbuch betrachtet. Das entscheidende Kriterium ist somit nicht das selbstständige Spielen, sondern die effektive Beruhigung des kindlichen Bindungssystems.

Diese Kinder zeigen auch in anderen Situationen ein angemessenes Wechselspiel von Bindungs- und Explorationsverhalten. Die Bindungsperson tut zugleich nichts Überflüssiges. Vielmehr erfreut sie sich an der reifenden Selbstständigkeit des Kindes. Sie bietet dem Kind jederzeit Hilfe und Unterstützung an, wenn das Kind danach verlangt oder wenn Situationen dies erfordern. Die sichere Bindung ist somit von einem überbehütenden Elternverhalten *eindeutig abzugrenzen.*

Die Qualität der Bindungsbeziehung basiert auf den Verhaltensweisen der Erwachsenen und liegt somit nicht in kindlicher Verantwortung. Entscheidend ist dabei die sogenannte Feinfühligkeit. Diese ist sehr entscheidend dafür, welches Bindungsmuster sich dauerhaft etablieren wird. Eine feinfühlige Bezugsperson ist dabei sehr gut in der Lage, eigene Emotionen von kindlichen Gefühlszuständen zu trennen. Sie reagiert dann eben nicht kalt und abweisend oder übermäßig bestürzt, wenn das ihr anvertraute Kind Bindungsverhalten zeigt oder nach Autonomie strebt. Einer feinfühligen Person ist es stets ein großes Bedürfnis, ein Kind ganzheitlich zu verstehen. Auf diese Weise gelingt der Prozess der sogenannten Mentalisierung: Die Sinnhaftigkeit des kindlichen Verhaltens, basierend auf psychischen Zuständen, wird erfasst, verstanden sowie adäquat beantwortet.

Wissenschaftliche Einordnung

Die *Fremde Situation* ist ein robustes Testverfahren, das bis heute eingesetzt wird, um Bindung zu messen. So überwiegt – glücklicherweise – der Anteil des sicheren Bindungsstils mit ungefähr 60 bis 52 Prozent bei Kindern unter 24 Monaten. Etwa neun bis 18 Prozent weisen unsicher-ambivalentes Bindungsverhalten auf und 15 bis 24 Prozent sind unsicher-vermeidend gebunden (Brisch 2022, Siegler et al. 2016). Tatsächlich ist das Verhalten von Kleinkindern in der *Fremden Situation* auch im Kulturvergleich identisch, was wiederum Bowlbys Hypothese des angeborenen Bindungsverhaltenssystems untermauert: Sich an eine Fürsorgeperson möglichst sicher zu binden, erhöht die Überlebens- sowie Entwicklungschancen deutlich. Ein Kind kann außerdem unsicher-ambivalent an *einen Elternteil,* jedoch sicher an *den anderen Elternteil* gebunden sein. Ebenso ist es möglich, dass ein Kind im Alltag mit einer pädagogischen Fachkraft Bindungssicherheit erlebt und dies idealerweise auch in seinem Elternhaus der Fall ist. Bindungsvielfalt ist somit empirisch nachgewiesen. Es verdeutlicht erneut, dass nicht das Kind mit seinem Verhalten zu einer bestimmten Bindungsqualität führt, sondern die Erwachsenen dafür die Verantwortung zu tragen haben.

Vorteile der sicheren Bindung

Sicher gebundene Kinder erhalten eine zugewandte, liebevolle Erziehung. Dass Bindungssicherheit eine überdauernd schützende Wirkung hat, konnte die entwicklungspsychologische Forschung unlängst nachweisen (Brisch 2022, Siegler et al. 2016, Strüber 2021). Eine sichere Bindung zu mindestens einem Elternteil bzw. einer Bezugsperson ist mit positiven Effekten für die kindliche Entwicklung assoziiert. Wenn sichere Bindungserfahrungen darüber hinaus mit zwei oder sogar mehr Personen für ein Kind möglich werden, so scheint dies noch entwicklungsförderlicher zu sein.

Ist ein Kind unsicher an beide Elternteile gebunden, so erhöht dies wiederum die Wahrscheinlichkeit von problematischen Verhaltensweisen. Jene Kinder werden als weniger umgänglich, einlenkend und sozial kompetent erlebt, weisen ein schlechteres Emotionsverständnis auf und verhalten sich tendenziell feindseliger.

Kinder mit einer sicheren Bindungsentwicklung können Emotionen besser artikulieren, verstehen und angemessen ausdrücken. Dies hat mit der unmittelbaren Reaktion der Eltern zu tun, die kindliche Bedürfnisse feinfühlig beantworten und vermeidbare Zustände von emotionaler Beunruhigung und körperlichem Unwohlsein rasch abmildern. Dass die innere Gefühlswelt bedeutsam und zugleich regulierbar ist, wird dadurch zu einer wichtigen Kindheitserfahrung.

Problemverhalten, internalisierend und externalisierend

Mit externalisierendem Problemverhalten ist problematisches Sozialverhalten gemeint wie Aggression, emotionale Ausbrüche sowie fehlende Impulskontrolle und Delinquenz. Ein solches Verhalten wird von der Umwelt rasch als problematisch erkannt. Nach innen gerichtetes, internalisierendes Problemverhalten bleibt oftmals länger unbemerkt – dabei sind die Folgen von sozialer Unsicherheit und Rückzug sowie die Entwicklung von depressivem, ängstlichem Verhalten ebenso risikoreich für die Ausbildung von manifesten Störungsbildern im Kindes- und Jugendalter.

Die Vorteile der sicheren Bindung zeigen sich in weiteren Entwicklungsbereichen. Bindungssichere Kinder weisen weniger internalisierendes Problemverhalten auf: Sie sind weniger misstrauisch, ängstlich oder depressiv. Sie erfahren mehr Anerkennung bei ihren Peers und werden als hilfsbereit und stressresistent erlebt. Sie weisen auch weniger externalisierendes Problemverhalten auf wie beispielsweise aggressives oder sogar delinquentes Verhalten. Sichere Bindungserfahrungen stoßen auf diese Weise die wünschenswerte Autonomieentwicklung von selbst an und haben folglich eine protektive Wirkung auf die Entwicklung der kindlichen Persönlichkeit.

Unsicher gebunden ist keine Pathologie

Unsicher gebunden zu sein ist kategorisch von einer Bindungsstörung abzugrenzen. Es bedeutet, dass die Bindungsperson in geringerem Ausmaß als es eigentlich erforderlich wäre eine Sicherheitsbasis für ein Kind darstellt. Unsichere Bindungsmuster – unsicher-vermeidend sowie unsicher-ambivalent – sind im Rahmen von möglicher Bindungsvielfalt erwartbar. Die Studienlage zur Erforschung von Bindungsstilen kommt zu diesem Ergebnis (Strüber 2021, Siegler et al. 2016).

Das zentrale Kennzeichen einer Bindungsstörung dagegen ist, dass Bowlbys Konzept der *sicheren Basis* in keinerlei Hinsicht mehr garantiert ist. Auch diese Kinder bauen eine Bindung auf, jedoch ist die Bindungsperson zugleich mit überdauernden Gefühlen von Angst und starker Furcht assoziiert. Die eigentlich schutzgebende Fürsorgeperson verhält sich dem Kind gegenüber vernachlässigend oder misshandelnd. Aus Perspektive des Kindes ist dies ein unauflösbares Dilemma. Natürlich ist es zu klein und abhängig, um sich aktiv selbst zu schützen oder versorgen zu können. Also ist es auf die Personen angewiesen, die sein Wohl gefährden. Dies führt zu einem pathologischen Bindungsmuster, und hier ist stets professionelle Hilfe notwendig, um Veränderungen herbeizuführen.

Wie Bindung das kindliche Gehirn prägt

Jedes Kind ist einzigartig in seiner Persönlichkeit. Der kindliche Wesenskern entfaltet sich in der ihm dargebotenen Umgebung. Primäre Bindungspersonen sind die zentrale Andockstelle des Kindes und machen Entwicklung durch fürsorgliche Präsenz erst möglich. Das kindliche Gehirn ist unreif. Das Bindungshormon Oxytocin spielt während des Reifungsprozesses eine wichtige Rolle.

Oxytocin
Das Peptidhormon Oxytocin hat allgemein eine stressdämpfende sowie regulative Wirkung. Es nimmt außerdem Einfluss auf das soziale Verhalten. Es befördert fürsorgliches Bindungsverhalten und erhöht die Bereitschaft, sich anderen anzuvertrauen (Strüber 2021).

Ein Kind, das eine sichere Bindung zu einer erwachsenen Person aufgenommen hat, erhält von dieser kontinuierlich „Oxytocin-Booster", was wiederum die Freisetzung von Stresshormonen im kindlichen Gehirn hemmt. Dies wiederum nimmt Einfluss auf die Entwicklung entsprechender Rezeptoren im Gehirn des Kindes, die sich erst dann ausreichend ausbilden, um auf entsprechende Reize überhaupt reagieren zu können. Das Gehirn von Menschen mit sicheren Bindungserfahrungen gewöhnt sich an den stresspuffernden Effekt des Oxytocins: Liebevolle, sichere Beziehungen werden als zentrale Quelle von Geborgenheit und geistiger Inspiration wahrgenommen. Das Zusammensein mit einfühlsamen Bindungspersonen führt zu einer Stressreduktion, was wiederum das Risiko für die Entstehung von psychischen Störungsbildern deutlich reduziert (Strüber 2019).

Kinder mit einem bindungsunsicheren Muster können weniger von der Wirkweise des Oxytocins profitieren – von Eva Rass, analytische Kinder- und Jugendlichenpsychotherapeutin, treffenderweise als „Minimaltrauma" (2021: 14) bezeichnet. Die zuverlässige Versorgung des kindlichen Gehirns mit Oxytocin ist nicht gegeben. Diese Erfahrung beeinflusst die Entwicklung von Rezeptoren. Das Kind vermeidet überwiegend die Nähe der Bindungspersonen (unsicher-vermeidendes Muster) oder es erlebt keine ausreichende emotionale Beruhigung durch diese (unsicher-zwiespältiger Bindungsstil). Soziale Beziehungen werden bedauerlicherweise *nicht* als zentrale Quelle von Sicherheit und Zufriedenheit internalisiert (Strüber 2019).

Kinder, die massiv in ihren basalen Grundbedürfnissen frustriert werden und daraufhin Bindungs*pathologien* entwickeln, weisen oftmals langfristig Auffälligkeiten in ihrem Oxytocin-System auf. Auch wenn sie später unter deutlich besseren Bedingungen aufwachsen, bei Pflege- und Adoptiveltern, reagieren sie auf körperliche Nähe weiterhin mit einer niedrigeren Oxytocin-Ausschüttung. Als ursächlich hierfür werden epigenetische Veränderungen betrachtet (Strüber 2019).

Sicher gebunden durch Muttermilch?

Das Stillen kann durch die Ausschüttung von Oxytocin zwar die Entwicklung der sicheren Bindung positiv unterstützen, ist aber niemals die Grundvoraussetzung dafür. Es ist vielmehr die elterliche Feinfühligkeit, die darüber entscheidet, ob ein Kind sich sicher an seine Eltern bindet: die Fähigkeit, die Feinzeichen des Kindes angemessen zu lesen, zu interpretieren und zu beantworten. Die Aufnahme einer sicheren Bindung ist also losgelöst vom biologischen Geschlecht der betreuenden Person (Ahnert 2020).

Bindungsprägungen: Die transgenerationale Weitergabe

Bindungsstile werden vererbt. Sie werden von einer Generation an die nächste weitergeben. Erlebten Eltern ihre eigenen Eltern – also die jetzigen Großeltern – als einfühlsam, verlässlich und zugewandt, so drückt sich dies in aller Regel auch in ihrem eigenen Elternverhalten gegenüber ihrem Säugling sowie späteren Kleinkind aus. Wurden Eltern dagegen bindungsvermeidend groß, so kann die feinfühlige Beantwortung von kindlichen Bedürfnissen erschwert sein. Dieser Zusammenhang ist eindeutig und wissenschaftlich nachgewiesen (Brisch 2022, Siegler et al. 2016). Dies hat mit der Ausbildung des internalen Arbeitsmodells zu tun.

Inneres Arbeitsmodell
Eine mentale Repräsentation, die sich in der frühen Kindheit im Alltag mit den Bezugspersonen entwickelt. Diese nimmt Einfluss auf das eigene Selbstbild („Wie liebenswert bin ich?) sowie die Erwartungshaltung („Wie sehr darf ich auf die Hilfsbereitschaft und Freundlichkeit anderer vertrauen?") und drückt sich im Verhalten des Kindes und seiner späteren Beziehungskompetenz aus.

Können Erwachsene auf ein sicheres Arbeitsmodell von Bindung zurückgreifen, so ist ihr späteres Elternverhalten in aller Regel einfühlsam sowie konsistent. Ihr Nachwuchs entwickelt ebenfalls ein sicheres Bindungsmuster. Dies kann und darf sich jedoch im Verlauf der Elternschaft ebenso erst entwickeln und wurde oben (› Kapitel 1.3) als „gereifte" Elternschaft beschrieben.

Verlässliches Fürsorgeverhalten, das zugleich kindliche Autonomiebestrebungen ermöglicht, führt in aller Regel zu einer sicheren Bindungsqualität. Innere Arbeitsmodelle können sehr stabil sein, aber zugleich durch krisenhafte oder stärkende Ereignisse sowohl in positive als auch negative Richtung verändert werden.

Die Qualität von Bindungserfahrungen, die Kinder mit ihren Bezugspersonen sammeln, hat – wie bereits oben diskutiert – einen unmittelbaren Einfluss auf ihre soziale, kognitive und psychische Entwicklung. Diese Effekte wirken dauerhaft fort. Wie lässt sich dies jedoch erklären? Es gibt zwei zentrale Erklärungsansätze, die jedoch rein theoretischer Natur sind und zwei Hypothesen beinhalten:

- *Das innere Arbeitsmodell ist sehr stabil:* Kinder entwickeln bereits früh ein eigenes Arbeitsmodell, was ihre Selbstwahrnehmung, ihr Sozialverhalten sowie ihr Verhalten beeinflusst und ausformt. Frühe Bindungserfahrungen sind aus dieser Perspektive betrachtet zeitstabil.

- Es ist aber ebenso möglich, die *Umweltbedingungen als zentralen Faktor* zu betrachten. Sind Bezugspersonen feinfühlig und verlässlich, so bleiben sie dies in aller Regel auch. Sind Bindungspersonen dagegen wenig responsiv und unzuverlässig, so wird ein Kind langfristig unter schwierigen Umweltbedingungen heranwachsen. Nimmt man diese Perspektive ein, so sind es weniger die frühen Bindungserfahrungen, die langfristigen Prägungscharakter haben. Stattdessen wird Elternverhalten als zeitstabil und möglicherweise wenig veränderbar betrachtet.

Beide Modelle haben ihre Berechtigung und können ergänzend in die Diskussion miteinbezogen werden. Tatsächlich gibt es Befunde, die insbesondere die frühen Bindungserfahrungen als hochbedeutsam für die weitere kindliche Entwicklung beschreiben. Tatsächlich gibt es ebenso Befunde, die belegen, dass Elternverhalten und damit einhergehende Bindungsstile veränderbar sind. Die Reduktion von Stress kann Erziehungsverhalten sowie die Bindungsqualität positiv verändern. Dieser Effekt sollte pädagogische Fachkräfte, die mit und für Familien arbeiten, hoffnungsvoll stimmen. Sehr wahrscheinlich ist es ein komplexes Zusammenspiel von frühkindlichen Bindungserfahrungen sowie die langfristige Bereitschaft von Bezugspersonen, ihr Erziehungs- und Beziehungsverhalten kontinuierlich auf gutem Niveau zu halten (Siegler et al. 2016).

Bindungsmuster sind immer veränderbar. Kritische Lebensereignisse können elterliche Feinfühligkeit und Verfügbarkeit in drastischem Ausmaß reduzieren. Unterstützende Netzwerke sowie professionelle Hilfe in Form von Beratung, Elternkursen sowie Psychotherapie können Elternverhalten ebenso deutlich verbessern. Die Weitergabe von bindungsunsicheren Mustern kann von Eltern somit bewusst unterbunden werden, was für die nachfolgende Generation immer mit Vorteilen verbunden ist (van den Boom 1994, Brisch 2022).

3.3 Emotionale Entwicklung in der Kindheit

Die Fähigkeit, Emotionen zu regulieren, nimmt unmittelbaren Einfluss auf die psychische Gesundheit und damit einhergehende Lebenszufriedenheit. Die emotionale Entwicklung steht in direktem Zusammenhang mit den Erfahrungen, die Kinder mit ihren Bindungs- und Bezugspersonen sammeln. Dies war bereits oben Thema, als die Vorteile der sicheren Bindung diskutiert wurden (› S. 170). Im Folgenden geht es zunächst um neurowissenschaftliche Befunde rund um die Gehirnentwicklung in der frühen Kindheit. Durch diese Perspektive werden notwendige Reifungsprozesse verständlich. Zudem wird nachvollziehbar, warum emotionale Regulationsfähigkeit nicht angeboren ist, sondern erworben werden muss, und wie auch hier Bindungsbeziehungen sowie elterliches Erziehungsverhalten Einfluss nehmen.

Neurowissenschaftliche Erkenntnisse

Bereits Säuglinge können intensiv Ärger ausdrücken. In der Autonomiephase werden viele Kinder von ihren Emotionen förmlich überflutet, was sich in den sogenannten „Wutanfällen" oder „Trotzanfällen" zeigt. Im Grundschulalter sind emotionale Ausbrüche dieser Art bei positiver Entwicklung deutlich rückläufig oder völlig verschwunden. Später, in der Pubertät, tritt erneut ein starker Emotionsausdruck in den Vordergrund. In der frühen Kindheit und ebenso in der Pubertät finden beachtliche Reifungsprozesse im Gehirn statt, und das Vorantreiben der eigenen Individuation ist für das Klein- und Kindergartenkind und ebenso für den Adoleszenten von großer Bedeutung. Dafür sind Zeit und ebenso gute Entwicklungsbedingungen in Form sicherer Bindungserfahrungen notwendig.

Reifungsprozesse im kindlichen Gehirn

Wenden wir uns zunächst der sogenannten Amygdala zu. Die Amygdala (Corpus amygdaloideum oder Mandelkern) gehört zum limbischen System im Gehirn. Gemeinsam mit dem Hippocampus ist sie für die Regelung von Emotionen zuständig. Wirkt eine Situation emotional beunruhigend oder sogar bedrohlich, so kommt es zu einer unmittelbaren Reaktion der Amygdala. Eine rasche, jedoch rudimentäre Einschätzung der Situation erfolgt: „Droht Gefahr oder nicht?" Je nach Einschätzung zeigt sich eine körperliche Reaktion, das Herz beginnt möglicherweise schneller zu schlagen. Die Amygdala sendet die gewonnenen Informationen an den medialen präfrontalen Cortex. Dieser kann die Komplexität von Situationen gut einschätzen. Diese Verbindung ist vorwärtsgerichtet. Es gibt jedoch ebenso eine rückläufige Verbindung. Hierbei kommt es im Idealfall zu einer reflektierten Rückmeldung des medialen präfrontalen Cortex, was zu einer Beruhigung der Amygdala führen kann (Strüber 2019).

Dieses Zusammenspiel veranschaulicht den Wesenskern emotionaler Kompetenz: Soziale Situationen sowie Geschehnisse werden in ihrer Vielschichtigkeit eingeordnet und verstanden. Damit einhergehende Affekte werden durch die rückläufige Verbindung reguliert, was eine kompetente Anpassung im Verhalten ermöglicht. Erst durch eine effiziente Zusammenarbeit zwischen dem medialen präfrontalen Cortex und der Amygdala wird es möglich, Gefühlszustände zu regulieren. Diese Reifungsprozesse sind jedoch keine willentliche Entscheidung und erstrecken sich zudem bis ins junge Erwachsenenalter. Auch hier sind es die sicheren Bindungserfahrungen, die wichtigen Einfluss nehmen – ob sich zwischen medialem präfrontalem Cortex und Amygdala eine stabile Verbindung entwickeln kann oder ob diese brüchig bleibt.

Die bewusste Affektregulierung durch eine erwachsene Bindungsperson führt im Idealfall dazu, dass sich das Kind sichtlich beruhigt. Die erwachsene Person sagt zu einem Kind, das sich weh getan hat: „Das tut bestimmt sehr weh. Das glaube ich dir sofort. Ich schaue mir dein Knie jetzt an, mache die Wunde ganz vorsichtig sauber und danach suchen wir zusammen ein schönes Pflaster aus." Ein Kind fühlt sich dann verstanden und erlebt, dass eine zunächst angstmachende Situation an Heftigkeit verliert, allein durch die einfühlsame Präsenz einer erwachsenen Bezugsperson.

Diese Beziehungserfahrung muss jedoch verlässlich für das Kind sein und sich beständig wiederholen. Dieses Interaktionsmuster zwischen Kind und der Bezugsperson treibt die effektive Verbindung zwischen medialem präfrontalem Cortex und Amygdala stetig voran und festigt diese. Kindern, denen positive Beziehungs- und Erziehungserfahrungen dauerhaft verwehrt bleiben, wird – aus dieser Perspektive betrachtet – die Möglichkeit genommen, dass bedeutsame Vernetzungen in ihrem Gehirn stetig reifen. Dass Bindungssicherheit eine überdauernd schützende Wirkung hat, wurde bereits mehrfach angesprochen. Internalisierende sowie externalisierendes Problemverhalten wiederum wird mit unsicheren Bindungsmustern assoziiert. Neurowissenschaftliche Befunde (Strüber 2019) erklären diesen Zusammenhang auf vortreffliche Weise und verdeutlichen, dass gute Beziehungserfahrungen ganz bestimmt nicht „nice to have", sondern vielmehr existenziell bedeutsam für Heranwachsende sind.

Veränderungen im kindlichen Verhalten

Die beschriebenen Reifungsprozesse zeigen sich natürlich auch im kindlichen Verhalten. Vielen Kindern gelingt es zwischen dem vierten und sechsten Lebensjahr immer besser, sich von intensiven Gefühlen und Bedürfnissen – zumindest etwas, an manchen Tagen mehr, an anderen Tagen weniger – zu distanzieren. Die folgenden Sätze sind sichtbare Belege dafür, dass eine emotionale Distanzierung versucht und vom Kind auch als bedeutsam verstanden wurde:

- Ich wollte sowieso nicht mehr damit spielen.
- Entschuldigung, das wollte ich nicht.
- Dann geh ich eben in die andere Spielecke und will dort erst mal meine Ruhe haben.
- Zu viel Süßigkeiten sind ungesund für Zähne und Körper.
- In Ordnung. Aber mach das bitte nicht noch einmal.

Angepasste Kindheit

Nicht nur die mangelhafte Ausbildung von Frustrationstoleranz und eine Impulskontrollstörung, auch eine übersteigerte Impulskontrolle wird neurowissenschaftlich in diesem Zusammenhang diskutiert. Treffen Kinder beständig auf wenig bis kaum empathische Bezugspersonen, so kann dies zu einer beschleunigten, jedoch nicht altersangemessenen Reifung im Gehirn des Kindes führen (Strüber 2019). Die Kommunikation zwischen medialem präfrontalem Cortex und Amygdala funktioniert nach außen hin „tadellos". Das Kind verhält sich in der Kindertagesstätte beispielsweise sehr angepasst. Die Eingewöhnung ist rasch abgeschlossen und das Kind zeigt kaum bis wenig Bindungsverhalten. Oder: Nach einigen Tagen Schlaftraining, wo das Kind schreiend in seinem Bettchen zurückgelassen wurde, „verbessert" sich das Schlafverhalten und nächtliches Bindungsverhalten wurde „abgeschaltet". Da der Reifung jedoch nicht die notwendige Zeit eingeräumt wurde und zugleich ein Defizit an Bindungssicherheit vorliegt, handelt es sich vielmehr um eine „Notreifung" (Strüber 2019: 108). Diese notgedrungene Ruhigstellung der Amygdala kann möglicherweise nicht bedingungslos aufrechterhalten werden. Die Verbindung ist zu fragil und kann förmlich zusammenbrechen, wenn Kinder oder Erwachsene erneut mit stressvollen Lebensumständen konfrontiert werden.

Elterliches Erziehungsverhalten und Erziehungsstile

Schon früh befasste sich die Sozialwissenschaft mit der Erforschung von Erziehungsstilen. Diana Baumrind leistete hier wesentliche Pionierarbeit. Anhand von zwei zentralen Dimensionen – Ausmaß elterlicher Unterstützung sowie Kontrolle – unterschied sie vier Erziehungsstile, die im Folgenden näher betrachtet werden (Baumrind & Black 1967, Baumrind 1971).

Der autoritäre Stil

Autoritäre Erziehung beinhaltet ein hohes Ausmaß an elterlicher Kontrolle, wobei Eltern oft willkürlich-impulsiv reagieren. Die Eltern sanktionieren nichtkonformes Verhalten ihrer Kinder mit Strafen, Drohungen sowie Liebesentzug und schrecken auch vor körperlichen Übergriffen nicht zurück, um kindliches Verhalten zu lenken. Davon betroffene Kinder erleben ihre Eltern als wenig unterstützend. Kindliche Fragen bleiben unbeantwortet, was zur Folge hat, dass davon betroffene Kinder auch wenig Einsichten über elterliche Beweggründe entwickeln können. Dies wiederum nimmt unmittelbaren Einfluss auf ihre sozio-emotionale sowie kognitive Entwicklung. Kinder autoritärer Eltern können geringere schulische Erfolge aufweisen und neigen zu Selbstwertproblemen. Auch die Aufnahme von guten Freundschaftsbeziehungen kann erschwert sein. Im weiteren Entwicklungsverlauf können sich depressive Störungen sowie Suchtproblematiken zeigen.

Der permissive Stil

Permissive Erziehung beinhaltet ein hohes Ausmaß an Zuwendung und Verständnis, bei gleichzeitigem Verzicht auf Lenkung sowie Führung. Das emotionale Klima orientiert sich maßgeblich an den Bedürfnissen sowie Befindlichkeiten der Kinder. Permissiv Erziehende trauen ihren Kindern in aller Regel wenig zu. Sie möchten diese vor möglichen Gefahren oder Frustrationen beschützen. Zugleich besteht die Sorge, dass Verbote oder benannte Grenzen die Bindungsbeziehung zum Kind nachhaltig beschädigen könnten. Dieses Verhalten ist im Umgang mit Säuglingen absolut empfehlenswert, wird jedoch im weiteren Verlauf der Kindheit zunehmend problematischer. Kinder permissiver Eltern sind überdurchschnittlich impulsiv und haben Schwierigkeiten beim Erwerb sowie Aufbau selbstregulativer Kompetenzen. Dies wiederum führt langfristig zu Schwierigkeiten in der Peergroup und kann Ausgrenzung begünstigen. Auch die schulische Laufbahn kann beeinträchtig sein.

Der vernachlässigende Stil

Zurückweisend-vernachlässigende Erziehung verzichtet nicht nur auf Lenkung sowie Führung. Es gibt auch einen grundlegenden Mangel an Liebe, Verständnis und Interesse. Davon betroffene Kinder wachsen struktur- und haltlos auf. Die Eltern sind in aller Regel mit sich selbst beschäftigt, sodass kindliche Bedürfnisse unbeantwortet bleiben. Kinder können ihre Entwicklung jedoch nicht dauerhaft auf später verschieben. Zudem kann Kindheit nur möglich werden, wenn Erwachsene einen haltenden, versorgenden Rahmen schaffen. Davon betroffene Kinder haben ein hohes Risiko für die Entwicklung verschiedenster Störungsbilder, da keine gesunde Beziehung von den Eltern aufgenommen werden konnte. Die Pathologie von frühen Bindungsstörungen hat dabei langfristige Effekte auf die weitere Entwicklung des Kindes sowie späteren Jugendlichen.

Der autoritative Stil

Autoritative Erziehung bietet für ein Kind sowie die Eltern-Kind-Beziehung die besten Entwicklungsmöglichkeiten, Autoritativ erziehende Eltern gehen liebevoll auf ihre Kinder ein. Eine zentrale Elternmotivation ist dabei, das ihnen anvertraute Kind zu verstehen sowie auf seinem persönlichen Entwicklungsweg zu begleiten. Jene Eltern reflektieren sich selbst und sind lösungssuchend. Die sogenannte bindungsorientierte Erziehung kann diesem Erziehungsstil zugeordnet werden, denn insbesondere die Stärkung der Eltern-Kind-Beziehung wird dabei in den Mittelpunkt gerückt.

Gelingende bindungsorientierte Erziehung fördert jedoch ebenso angemessen sowie unterstützend die kindliche Autonomieentwicklung. Dies führt automatisch dazu, dass es zwischen Eltern und Kindern Konflikte gibt, und phasenweise können sich diese sogar sehr deutlich zeigen. Jene Konflikte werden jedoch weder umgangen noch eskalieren diese andauernd. Jene Eltern trauen ihren Kindern das Aushalten von Regeln sowie Grenzen zu. Diese Grenzen sind schützender Natur, um das Kind vor möglichen Gefahren sowie Verletzungen zu bewahren. Zugleich gibt es aber auch Grenzen, die ein soziales Zusammenleben erst ermöglichen, und auch hierfür treten jene Eltern ein. Es gelingt diesen Eltern dabei sehr gut, auf ängstigendes Elternverhalten zu verzichten, stattdessen entwicklungsgerecht auf das Kind und seine Affekte einzugehen. Auf diese Weise lernt ein Kind, eigenen Bedürfnissen sowie Gefühlen zu trauen, was sich positiv auf das Selbstwertgefühl auswirkt. Da die Eltern aber auch Anforderungen an ihr Kind stellen, entwickeln sich Frustrationstoleranz und Empathie für andere.

Autoritativ erzogene Kinder schneiden in allen Entwicklungsbereichen – sozio-emotional sowie kognitiv – besser ab als ihre Altersgenossen, die mit anderen Erziehungsstilen sozialisiert werden (Siegler et al. 2016). Ein elterlicher Erziehungsstil ist – dies muss abschließend betont werden – natürlich veränderbar. Eltern können sich beständig „verbessern", indem sie lernen, einfühlsamer und auch klarer mit ihrem Nachwuchs zu sprechen. Belastende Lebensereignisse oder kritische Lebensphasen können ebenso dazu führen, dass Eltern sich zunehmend permissiv oder autoritär verhalten.

Die Bedeutung der Co-Regulation

Wenn Eltern fürsorglich-liebevoll erziehen, zugleich aber auch Anforderungen an ihr Kind stellen, so kommt es automatisch zu Konflikten und Meinungsverschiedenheiten zwischen Eltern und ihren Kindern. Eltern, die sich für den autoritativen Stil entscheiden, leisten in aller Regel auch eine kompetente Co-Regulation. Kinder laden ihre Wut, ihren Ärger, ihre Frustration bei ihren vertrauten Bezugspersonen „ab". Eine Person, die im Leben des Kindes eine unbedeutende Rolle spielt, kommt in aller Regel auch nicht mit intensiven Gefühlen des Kindes in Kontakt. Eine emotionale Reaktion beinhaltet grundsätzlich die kindliche Rückmeldung von Vertrautheit. Einfühlsame Erwachsene wissen um ihre Bedeutung: Sie verstehen die emotionale Verfasstheit nicht als persönlichen Angriff. Vielmehr wissen sie um ihre Bedeutung als sichere Basis und übernehmen verantwortungsbewusst die Beruhigung des Kindes.

Co-Regulation

Überschießende Emotionen des Kindes abzumildern, aushaltbar sowie veränderbar zu machen ist eine zentrale Aufgabe von Bindungs- und Bezugspersonen. Kindliche Erregungszustände nehmen durch diese stützende Form der Beruhigung und Begleitung ab. Das Kind lernt am Vorbild der Erwachsenen, wie es zukünftig selbstständiger Emotionen regulieren und sich selbst beruhigen kann.

Allein die Präsenz von Bindungspersonen reduziert kindliche Erregungszustände. Die Entwicklung einer kompetenten Affektregulation setzt jedoch voraus, dass dem Kind das extern arbeitende Regulationssystem von Bindungspersonen zuverlässig zur Verfügung steht (Rass 2021). Ist eine Bezugsperson souverän, so wird sie keine unangemessenen Vermeidungsstrategien anwenden, um das Kind vorschnell von seinen ausgedrückten Gefühlen abzulenken. Die reine Ablenkung vom primären Gefühlszustand hat zur Folge, dass Kinder keine Einsichten über ihre Gefühlswelt entwickeln und sich nicht bewusst damit auseinandersetzen. Wenn von Kindern zudem eine regulative Leistung erwartet wird, die sie schlichtweg noch nicht erbringen können, so führt dies automatisch auf beiden Seiten zu missglückter Kommunikation. Das Kind fühlt sich unverstanden und überfordert. Die Erwachsenen wiederum pathologisieren möglicherweise das Verhalten und geraten in Sorge über den kindlichen Entwicklungsstand. Sind Erwachsene jedoch empathisch-zugewandt, so wird diese Bezogenheit auch sprachlich kommuniziert. Die Bezugsperson fasst in Worte, was das Kind emotional aus dem Takt gebracht hat, und gleichzeitig gelingt es, angemessen Grenzen zu benennen

- Es ärgert dich, dass wir jetzt nicht mehr im Hof spielen können. Du wirfst Sand und hast sogar eine Schaufel nach mir geworfen. Vielleicht denkst du, dass wir auf diese Art dann noch weiterspielen können? Es ist manchmal schwer, mit dem Spielen aufzuhören. Das kann ich gut verstehen. Aber natürlich möchte ich nicht, dass du so mit mir umgehst. Ich räume jetzt die Sandelsachen auf.

- Klar kannst du mithelfen.
  Oder
- Es ist okay, wenn du gerade nicht aufräumen möchtest. Die Schaufel kommt jetzt aber zu mir und wird von mir mit aufgeräumt.
- Du bist sehr traurig, dass deine Mama jetzt gegangen ist. Du hast immer wieder gesagt, dass deine Mama wiederkommen soll. Oft ist es ganz schön schwierig, sich von seinen Eltern zu verabschieden und darauf zu warten, dass sie wiederkommen. Hast du eine Idee, was deine Mama jetzt gerade macht? Sollen wir mal zusammen ein Bild malen, was Eltern machen, wenn sie ihre Kinder im Kindergarten abgegeben haben?

Emotionale Entwicklung kann begleitet, aber nicht abgenommen werden. Das kindliche Gehirn sollte vor einer Überflutung mit Stresshormonen geschützt werden. Sichere Bindungserfahrungen erhöhen die Widerstandskraft von Menschen und entfalten ihre protektive Wirkung. Kinder mit einer sicheren Bindungsentwicklung können Emotionen besser angemessen ausdrücken und für sich einordnen. Dies hat mit den Umwelterfahrungen zu tun, die Kinder mit ihren Bezugspersonen wiederholt sammeln. Jene Kinder nutzen ihre Bezugsperson als sichere Basis und können sich im Zusammensein mit dieser – durch Gespräche sowie durch körperliche Nähe – besser beruhigen. Die beruhigte Amygdala sowie die effektive Verbindung zwischen medialem präfrontalem Cortex und Amygdala befördert lösungsorientiertes Verhalten und hilft Kindern langfristig dabei, sich selbst immer besser zu beruhigen können (Siegler et al. 2016, Strüber 2019).

Ausblick

Die Begleitung und Erziehung von Kindern ist emotional aufwendig sowie zeitintensiv. Diese sachliche Betrachtungsweise steht in deutlichem Kontrast zu romantisierenden Bildern von Elternschaft, die insbesondere durch soziale Medien, wie Instagram u. a. konstruiert werden, jedoch wenig mit der Realität des Familienalltags zu tun haben.

Was Familien brauchen

Die nüchterne Darstellung ist jedoch keinesfalls lieblos und kalt, sondern rückt vielmehr in den Mittelpunkt, was Familien brauchen. Kinder beim Aufwachsen zu begleiten gelingt Eltern am besten, wenn sie auf die verlässliche Unterstützung anderer zurückgreifen können. Hierzulande ist die exklusive Eltern-Kind-Bindung ein hochbedeutsames Konstrukt, das unmittelbaren Einfluss auf die Gefühle von Eltern sowie deren Verhalten nimmt. Das Aufwachsen in der Kleinfamilie ist lediglich *ein* gängiges Modell und kulturgebunden. Familiäre Lebensformen sind von Vielfalt gekennzeichnet. Das Aufwachsen in einer familienähnlichen Gemeinschaft oder kollektivistischen Gesellschaft ist in vielen Kulturen dieser Welt für Kinder eine Selbstverständlichkeit. Damit erhöht sich automatisch die Anzahl von vertrauten Bezugspersonen, auch wenn Eltern ihren Status als primäre Bindungspersonen meist beibehalten. In einer größeren Gemeinschaft spielen außerdem die Beziehungen zu anderen Kindern von Anfang an eine zentrale Rolle.

Pädagogische Fachkräfte als sichere Basis

Die oftmals ideologisch geführte Debatte, ob eine außerfamiliäre Betreuung für Kinder überhaupt zumutbar ist, betrifft nach wie vor stärker Mütter als Väter. Die sozialwissenschaftliche Forschung hat den Nachweis schon lange erbracht: Auch pädagogische Fachkräfte können sehr wohl zu einer sicheren Basis für ein Kind werden. (Pauen & Roos 2020). Dieser Erkenntnisgewinn ist mehr als substanziell. Es entlastet Eltern und erhöht im besten Fall ihre persönliche Bereitschaft, sich aktiv und verlässlich in die gelingende Erziehungspartnerschaft einzubringen. Zugleich erhöht es Ihren Stellenwert als Fachkraft in pädagogischen Einrichtungen. Natürlich bieten Sie den Kindern Sicherheit, ein hohes Maß an Orientierung und Verlässlichkeit – gestalten eine Beziehung auf Zeit und werden sich früher oder später von den Ihnen anvertrauten Kindern wieder verabschieden.

Wie die Fallbeispiele in diesem Buch zeigen, haben Sie einen hochanspruchsvollen Job, und es wäre mehr als wünschenswert, dass sich dies in einer angemessenen monetären Entlohnung sowie in gesellschaftlichen Debatten widerspiegelt.

Aktiv werden!

Als pädagogische Fachkraft sind Sie Fürsprechende:r der Kinder – Sie können Eltern für kindliche Bedürfnisse sensibilisieren. Sie können Eltern wertvolle Einsichten über aktuelle Entwicklungsthemen vermitteln. Sie können Elternteile motivieren, sich weiterzuentwickeln und neugierig auf die Entwicklungsschritte ihrer Kinder zu blicken.

Damit all dies möglich wird, sollten Sie sich Ihre Neugier auf die Vielfalt von Familiensystemen bewahren. Und das Wissen, dass Lösungen durch aktives, wertschätzendes Zuhören möglich werden und es keine Standardlösung für Probleme gibt, können Sie als Fachkraft durch schwierige Situationen tragen. Menschen müssen selbst aktiv werden, um ihre jeweilige Wirklichkeit sowie Sichtweise auf die Dinge positiv zu verändern – dies gilt für Eltern und Fachkräfte gleichermaßen.

Literaturverzeichnis

Ahnert, L. (2020): Wieviel Mutter braucht ein Kind? Über Bindung, Bildung und Betreuung in den ersten Lebensjahren. Weinheim: Beltz.

Amato, P. R. (2000): The consequences of divorce for adults and children. An update. *Journal of marriage and family* 62(4), 1269–1287.

Baumrind, D. & Black, A. E. (1967): Socialization practices associated with dimensions of competence in preschool boys and girls. *Child development* 38(2), 291–327.

Baumrind, D. (1971): Current patterns of parental authority. *Developmental Psychology* 4(1), 1–103.

Bischof-Köhler, D. (2011): Soziale Entwicklung in Kindheit und Jugend: Bindung, Empathie, Theory of Mind. Stuttgart: Kohlhammer.

Bertelsmann Stiftung (2020): Schlechte Rahmenbedingungen erschweren die Bildungsarbeit der Kitas. Online unter: https://www.bertelsmann-stiftung.de/de/themen/aktuelle-meldungen/2020/august/schlechte-rahmenbedingungen-erschweren-die-bildungsarbeit-der-kitas [letzter Zugriff: 21.05.2023].

Bongertz, C. (2021): Stillen. So findest du gelassen deinen eigenen Weg. München: Dorling Kindersley.

Brisch, K. H. (2022): SAFE® – Sichere Ausbildung für Eltern. Sichere Bindung zwischen Eltern und Kind (11. Aufl.). Stuttgart: Klett-Cotta.

Grossmann, K. & Grossmann, K. E. (2021): Bindungen – das Gefüge psychischer Sicherheit (8. Aufl.). Stuttgart: Klett-Cotta.

Gutknecht, D; Höhn, K. (2017): Essen in der Kinderkrippe. Achtsame und konkrete Gestaltungsmöglichkeiten. Freiburg: Herder.

Hardin, J. S.; Jones N. A.; Mize K. D. & Platt M. (2021): Affectionate touch in the context of breastfeeding and maternal depression influences infant neurodevelopmental and temperamental substrates. *Neuropsychobiology* 80(2), 158–175.

Haug-Schnabel, G. & Bensel, J. (2017): Grundlagen der Entwicklungspsychologie. Die ersten 10 Lebensjahre (12. Aufl.). Freiburg im Breisgau: Herder.

Montessori, M. (2022): Kinder sind anders (23. Aufl.). Stuttgart: Klett-Cotta.

Pathirana, M. M.; Ali, A.; Lassi, Z. S.; Arstall, M. A.; Roberts, C. T. & Andraweera, P. H. (2022): Protective influence of breastfeeding on cardiovascular risk factors in women with previous gestational diabetes mellitus and their children: A systematic review and meta-analysis. *Journal of human lactation: Official journal of international lactation consultant association* 38(3), 501–512.

Pauen, S. & Roos J. (2020): Entwicklung in den ersten Lebensjahren (0–3 Jahre). München: Ernst Reinhardt.

Qiu, R.; Zhong, Y.; Hu, M.; & Wu, B. (2022). Breastfeeding and Reduced Risk of Breast Cancer: A Systematic Review and Meta-Analysis. *Computational and mathematical methods in medicine* [letzter Zugriff: 21.05.2023].

Reck, C. (2007): Postpartale Depression: Mögliche Auswirkungen auf die frühe Mutter-Kind-Interaktion und Ansätze zur psychotherapeutischen Behandlung. Praxis der Kinderpsychologie und Kinderpsychiatrie 56(3), 234–244.

Roth, X. (2022): Handbuch Elternarbeit. Bildungs- und Erziehungspartnerschaft in der Kita (4. Aufl.). Freiburg im Breisgau: Herder.

Siegler, R.; Eisenberg, N.; DeLoache, J. & Saffran J. (2016): Entwicklungspsychologie im Kindes- und Jugendalter (4. Aufl.). Berlin: Springer.

Statistisches Bundesamt (2023): Zahl der Scheidungen mit Ausnahme des Jahres 2019 seit 2012 kontinuierlich gesunken, Pressemitteilung Nr. 252 vom 28. Juni 2023, online: https://www.destatis.de/DE/Presse/Pressemitteilungen/2023/06/PD23_252_126.html [letzter Zugriff: 24.11.2023]

Statista (2023): Anzahl der Eheschließungen in Deutschland von 1950 bis 2022. https://de.statista.com/statistik/daten/studie/1323/umfrage/eheschliessungen-in-deutschland [letzter Zugriff: 24.11.2023].

Strüber, N. (2021): Die erste Bindung. Wie Eltern die Entwicklung des kindlichen Gehirns prägen (7. Aufl.). Stuttgart: Klett-Cotta.

Strüber, N. (2019): Risiko Kindheit. Die Entwicklung des Gehirns verstehen und Resilienz fördern. Stuttgart: Klett-Cotta.

Swartz-den Hollander, E. (2017): Parental divorce and children's adjustment: An updated meta-analysis. Utrecht University, Utrecht, NL.

van den Boom, D. C. (1994): The influence of temperament and mothering on attachment and exploration: An experimental manipulation of sensitive responsiveness among lower-class mothers with irritable infants. *Child Development* 65(5), 1457–1477.

Walper, S. & Gerhard, A.-K. (2003): Zwischen Risiko und Chance – Konsequenzen einer elterlichen Scheidung für die psychosoziale Entwicklung betroffener Kinder. *PTT: Persönlichkeitsstörungen Theorie und Therapie* 7 (2), 105–116.

Walper, S. (2021): Trennungsfamilien in Deutschland: Ein Fokus auf das Engagement von Vätern und Perspektiven von Kindern. *Zeitschrift für Soziologie der Erziehung und Sozialisation* 40, 4–18.

Walper, S.; Kreyenfeld, M.; Beblo, M., Hahlweg, K.; Nebe, K.; Schuler-Harms, M.; Fegert, J. M. und der Wissenschaftliche Beirat für Familienfragen (2021): Gemeinsam getrennt erziehen. Gutachten des Wissenschaftlichen Beirats für Familienfragen beim BMFSFJ. Berlin: Wissenschaftlicher Beirat für Familienfragen. Beim BMFSF. Online unter: https://www.bmfsfj.de/resource/blob/186694/14f09dddab459a2e2cefaab6b45c630/gemeinsam-getrennt-erziehen-wissenschaftlicher-beirat-data.pdf [letzter Zugriff: 21.05.2023].

Wang, X.; Yan, M.; Zhang, Y.; Wang, W.; Zhang, W.; Luo, J.; Gan, D.; Yang, H.; Zhu, S. & He, W. (2023): Breastfeeding in infancy and mortality in middle and late adulthood: A prospective cohort study and meta-analysis. *Journal of internal medicine* 293(5), 624–635.

Vousoura, E.; Verdeli, H.; Warner, V.; Wickramaratne, P. & Baily, C. D. R. (2012): Parental divorce, familial risk for depression, and psychopathology in offspring: A three-generation study. *Journal of child and family studies* 21(5), 718–725.

Register

U

V

W

Z